ISBN 978-0-656-63363-0
PIBN 10435707

Studien

über die

Reorganisation der schweizerischen Armee.

—∘∘°⚬°∘∘—

Aus der „Berner Tagespost" gesammelte

Auffäße.

Begleitet von einem Entwurfe für die Militärorganisation
der schweizerischen Eidgenossenschaft

von

 *₊*, eidgenössischer Stabsoffizier.

————◇◇◇————

Verlag von Max Fiala in Bern.

————

Druck von J. Allemann in Bern. — 1871.

UA 802
S8

Vorwort.

Nachstehende Aufsätze erschienen in der „Berner Tages=post" in den Monaten Januar, März, April und Mai. Auf vielseitige Wünsche entschloß sich der Verfasser, dieselben zu sammeln und als Ganzes herauszugeben. Er glaubte damit einen nützlichen Beitrag zur Bundesrevisionsfrage zu bringen. Die Verhandlungen der nationalräthlichen Revisionskommission bewiesen ihm zudem, daß er sich auf dem rechten Boden, nämlich dem der Centralisation der schweizerischen Wehrkraft befinde, und können daher die Aufsätze lediglich als einen Ausbau der Art. 18, 19, 20 u. f. der Bundesverfassung betrachtet werden, wie sie von der nationalräthlichen Kom=mission der Bundesversammlung, resp. dem Schweizervolke, zur Annahme vorgeschlagen werden.

Die Theilnahme, welche die periodische Publikation dieser Aufsätze durchweg gefunden haben, läßt den Verfasser, der vorzieht, anonym zu bleiben, da der Name ja nichts zur Sache thut, hoffen, daß diese Veröffentlichung die gleiche günstige Aufnahme finden werde. Am Schlusse der Aufsätze liegt ein Entwurf einer Militärorganisation für die schwei=zerische Eidgenossenschaft bei, wie sie sich nach Zugrundelegung oben bemerkter Verfassungsänderungen etwa ergeben wird.

Studien

über die

Reorganisation der schweizerischen Armee

Aus der „Berner Tagespost" gesammelte

Aufsätze.

Begleitet von einem Entwurfe für die Militärorganisation
der schweizerischen Eidgenossenschaft

von

 ***, eidgenössischer Stabsoffizier.

Verlag von Max Fiala in Bern.

Druck von J. Allemann in Bern. — 1871.

an das Vaterland entzogen haben. Ganze Bevölkerungsklassen, bei welchen kein in der Sache liegender Grund angebracht werden kann, sind bis dato von der Wehrpflicht ausgeschlossen geblieben. Ein solcher Zustand spricht nicht nur jeder Gerechtigkeit und Gleichheit vor dem Gesetze Hohn, sondern trägt damit auch den Keim des Mißmuths und der Zersetzung in das Heer.

Als zweite Ursache bezeichnen wir die Unfähigkeit unserer 26 verschiedenen Militärdirektionen, ein einheitliches Ganzes, was doch eine Armee sein muß, herstellen zu können. Die letzten Truppenaufstellungen zeigten und zeigen noch jetzt der Mißstände unzählige, welche alle auf diesen Mangel einheitlicher sachgemäßer Leitung zurückzuführen sind. Dem bisherigen System ist denn auch das allerschlechteste Zeugniß in allen Beziehungen ertheilt worden. Wie wären indessen auch bessere Resultate möglich? Als die neue Bundesverfassung früher im Argen liegende Verkehrsanstalten, z. B. Zölle, Posten, übernahm, richtete sie zur Verwaltung derselben erstens eine feste centrale Leitung ein und theilte hierauf die ganze Schweiz in sachgemäße Post- und Zollkreise ein, ohne sich an die Kantonsgrenzen zu halten. Dieser Einrichtung war zu verdanken, daß diese Verwaltungen einen ungeahnten Aufschwung nahmen und in vielen Beziehungen mit Recht als mustergültig bezeichnet werden können.

Im Militärwesen indessen, das doch eine viel nationalere und eidgenössische Aufgabe hat, von welchem je nach Umständen Heil und Fortbestand unserer Eidgenossenschaft unmittelbar abhängt, blieb man leider auf halbem Wege stehen. Die Kantonsgrenzen durften nur ausnahmsweise überschritten werden. Jeder auch so kleine Stand hütete ängstlich sein Bundeskontingent und klammerte sich krampfhaft an eine Scheinselbstständigkeit, ohne zu bedenken, daß doch keiner etwas ist ohne den andern. Ob wir dabei zum Kinderspotte werden, so gut wie weiland Reuß-Schleitz oder Badutz-Lichtenstein, ist gleichgültig. Anstatt der Schöpfung eines wohlorganisirten, aus Fachmännern und Offizieren gebildeten Militärdepartements und zweckentsprechender, unter tüchtiger Führung stehender Militärkreise, begnügte man sich mit oberflächlichen Inspektionen, dem Unterricht von Spezialkorps, ordnete bisweilen Truppenzusammenzüge an, welche zu Stande kamen, wenn sie nicht durch kantonale Intriguen hintertrieben wurden und ließ im Uebrigen den lieben Gott einen guten Mann sein.

Diese zwei hauptsächlichsten Steine des Anstoßes müssen daher aus dem Wege geräumt werden. Ist dazu absolut eine Bundesrevision nöthig? Bei allseitig gutem Willen glauben wir nein. Unsere Ueberzeugung steht zwar fest, daß wenn man heute mit der Anfrage an das Schweizervolk wüchse: „Wollt ihr, daß unsere Armee ausschließlich zur Bundessache und dadurch einheitlich und wahrhaft kriegstüchtig gemacht werde?" so würde die Nation dieses unbedingt und in seiner großen Mehrheit mit Ja beantworten. Im Interesse der Sache und zur Erzielung einer kräftigen Anhandnahme dieses nationalen Werkes, würde es vielleicht sein, eine derartige nationale Willensmeinung einzuholen. Die Bundesverfassung von 1848 wahrt indessen dem Bunde das Recht, die militärischen Institutionen nach Bedürfniß weiter auszubilden, und glauben wir in dieser Bestimmung alle diejenigen Kompetenzen zu finden, um eine Umgestaltung unserer Armee auf wahrhaft nationaler und volksthümlicher Basis vornehmen zu können. Durch die bevorstehende Bundesrevision und die Anträge der nationalräthlichen Kommission ist indessen die Sache dahin gediehen, daß es zu einem Volksentscheide über diese Frage kommen wird.

Verhelfen wir zuerst der allgemeinen Wehrpflicht zu ihrem verfassungsmäßigen Rechte. Der Bund hat das Recht, Gesetze zu erlassen über die Ausnahmen und Ausschließungen. Re=

vibiren wir also die einschlägigen Bestimmungen. Halten wir uns hiebei an folgenden Grundsatz: Vom Militärdienst darf Niemand ausgeschlossen werden, vom 20. bis 44. Lebensalter, dessen körperliche Konstitution eine Ausschließung nicht zur zwingenden Nothwendigkeit macht.

Es ist bei dieser sanitarischen Inspektion weniger auf einzelne Gebrechen, als auf die Gesammtkonstitution des Mannes Rücksicht zu nehmen. Das Heer mit einer großen Anzahl schwächlicher Menschen zu beschweren, ist noch weniger im Interesse desselben, als unausgefüllte Cadres. Diese sanitarischen Inspektionen müssen mit Gewissenhaftigkeit vorgenommen werden; die bisherige Praxis war zu lax. Daß neben der körperlichen Gesundheit auch die moralische in Betracht zu ziehen ist, erklärt, wenn von vorneherein auch die Kriminalisirten von der Ehre Waffen zu tragen ausgeschlossen sein sollten.

Ausschließungsgründe indessen, welche aus Stand oder Amt entspringen, dürfen in Zukunft nicht mehr angerufen werden. Begründet ist nur, wenn die Mitglieder des Bundesrathes, als höchste politische Exekutivbehörde, für die Dauer ihres Sitzes in demselben von der persönlichen Dienstpflicht enthoben sein sollen. Ein in der Sache liegender Grund ist indessen nirgends zu finden, warum Seminaristen, Studirende, Lehrer, Geistliche, Beamten verschiedener Branchen 2c. nicht eben so gut zur Bildung des Heeres herangezogen werden sollen, als irgend wer anders, sobald deren Alter und körperliche Konstitution solches erlaubt. Alle Vorrechte des Standes und der Geburt sind aufgehoben. Dieser Grundsatz soll endlich einmal zur Wahrheit werden, und ist es nur dem Uebelwollen oder der Unfähigkeit der Behörden zuzuschreiben, wenn dieß nicht geschieht, da, wie gesagt, der Bund dazu die nöthigen gesetzgeberischen Kompetenzen besitzt.

Die zweite Aufgabe, Unterricht, Ausrüstung, Eintheilung der so gewonnenen Streitkräfte wird gelöst durch Bildung eines eidg. Kriegsdepartements, dem Offiziere von Talent und Wissen in den verschiedenen Abtheilungen vorstehen. Unser bisheriges halb bürgerliches Militärdepartement, dessen Chef oft nicht einmal die Elemente der Kriegskunst praktisch kennt, ist nicht die geeignete Behörde, um mit Sachkenntniß arbeiten zu können. Dem General und seinen Stabsoffizieren ist ein maßgebendes Wort auch in Friedenszeiten über Alles einzuräumen, was das Personelle, Materielle und Fortifikatorische der Kriegsbereitschaft anbetrifft. Den General, wie bisher, während einer Conflagration zu ernennen und ihm eine solche ungeheure Verantwortlichkeit aufzubürden, ohne demselben auch die Macht zur Abstellung von Mißständen zu geben, ist eine in unsern Augen geradezu verrückte Maßregel, und wird nicht verfehlen, gegebenen Falls die allerschlimmsten Konsequenzen nach sich zu ziehen.

Mit der Ausführung der Anordnungen des centralen Militärdepartements würden betraut die Divisionskommandeure, welche an die Spitze der zu kreirenden Territorial-Divisionsbezirke gestellt werden. Aus diesen Territorial-Divisionsbezirken würde je eine Division der Armee rekrutirt, unterrichtet in einzelne Korps und Waffen getheilt, und bildet dadurch ein organisches Ganzes. Unter dem Befehle des Divisionärs würden die Brigadiers, die Waffenchefs, die Bataillonskommandanten ꝛc. alle diejenigen Geschäfte besorgen, welche mit der Einrichtung und Instandhaltung ihrer Korps im Zusammenhange stehen. Die organisatorischen und administrativen Kenntnisse, welche einem Offizier eben so nothwendig sind als die taktischen und strategischen, würden auf diese Weise stufenweise erlernt und sich zu eigen gemacht.

Führer und Truppen lehren sich kennen und schätzen. Gegenseitiges Vertrauen, auf langjährige Bekanntschaft ge-

gründet, würde sich einwurzeln. Wir erhielten damit eine
fest gegliederte und zusammengekittete Armee, welche auch
Unglücksfälle überdauern könnte. Der Ruf nach Verrath,
welcher bei zusammengewürfelten Truppen so leicht entsteht —
die Panik, welche daraus entspringt — wären auf ihr ge=
ringstes Maß zurückgeführt. Wir hätten dann in Wahrheit
eine Armee, statt einem Haufen Kantonskontingenten, denen
ein innerer Zusammenhang abgeht, wenn solches auch durch
eine künstliche Tünche vor den Augen der Welt verborgen
wird.

Eintheilung der Armee.

Um mit Sicherheit die zu wählenden Mittel und Wege
treffen zu können, müssen wir uns klar sein über das Ziel,
welches wir uns bei der Schöpfung einer Armee vorsetzen.
Handelt es sich darum, ein schlagfertiges Heer zu bilden,
welches leicht mobilisirt werden kann, das alle Elemente ver=
einigt, um mit Ehren und Erfolg das Feld behaupten zu
können, und dort allfällig errungene Vortheile mit Konse=
quenz auszubeuten, so müssen wir uns sagen, daß hiezu nur
ein Heer befähigt ist, in welchem die verschiedenen Waffen=
gattungen in einem richtigen prozentischen Verhältnisse stehen.
Bei der heutigen Kriegsweise, übrigens war das zu allen
Zeiten so, können militärische Erfolge von irgend welcher
Tragweite nur durch vereinigte Waffen erzielt werden, und
zwar muß das Ineinandergreifen derselben richtig kombinirt
sein und den Umständen gemäß stattfinden.

Die öffentliche Meinung in der Schweiz hat sich bis
dahin mit dem Axiome begnügt, daß es hinreiche, eine tüch=
tige zahlreiche Infanterie zu besitzen und daß solche unter
allen Umständen den Ausschlag gebe. Es dürfte kaum schwer

werden, nachzuweisen, daß diese Ansicht auf Irrthum beruht, und daß die Infanterie nur dann im Stande ist, Etwas auszurichten, wenn sie in zweckentsprechender nachdrücklicher Weise durch Kavallerie, Artillerie und technische Korps unterstützt wird. Die Erfahrung auswärtiger Armeen hat gelehrt, und ist hierin besonders der deutsch-französische Feldzug lehrreich, daß einer Verkennung dieser Wahrheit die Strafe auf dem Fuße folgt. Es ist hier kaum der Platz, diese Sache weiter zu begründen, und verweisen wir daher unsere Leser auf die Berichte von den Schlachtfeldern und auf die Fachzeitschriften.

Die Erfahrung hat anderseits gelehrt, daß gewisse prozentliche Zahlen ohne Nachtheil nicht vernachlässigt werden dürfen. Man nimmt z. B. an, daß auf 1000 Mann wenigstens 2½ Geschütze kommen sollen, ferner soll die Kavallerie ein Zehntel bis ein Siebentel der Gesammtstärke der Armee betragen. Die technischen Korps müssen zur Errichtung passagerer Verschanzungen, Befestigungen, Abtragung oder Erstellung von Brücken, Uebergängen ꝛc. möglichst zahlreich sein. Man bedarf ferner Verwaltungstruppen, Eisenbahnkorps, Militärposten, Militärtelegraphen ꝛc.

Wenn die Rekrutirung einmal frei vor den kantonalen Kontingentsschranken vorgenommen werden kann, so haben wir die Möglichkeit, auf alle diese Anforderungen Rücksicht zu nehmen und jeden Rekruten in dasjenige Korps einzutheilen, für welches seine geistigen und körperlichen Eigenschaften ihn besonders befähigen. Es ist dieser Umstand von hoher Wichtigkeit, da wir nicht jahrelange Abrichtung auf denselben verwenden können, ihn vielmehr in wenigen Wochen zum Dienste befähigen müssen.

Betrachten wir einmal die statistischen Zahlen, um einen Begriff zu erhalten, wie sich die Waffengattungen etwa in unserer Armee gestalten sollten. Die Bevölkerung der Schweiz kann rund auf 2½ Millionen angeschlagen werden. Von hoher Wichtigkeit ist auch der Pferdebestand, und beträgt solcher 100,000 Pferde, von denen sich etwa die Hälfte für Kriegs= zwecke eignen kann, es zählen nämlich die Walachen und Stuten über 5 Jahre, die nicht zur Zucht verwendet werden, 60,000 Stück. Schlimmsten Falls kann man also wohl auf 50,000 diensttaugliche Pferde rechnen, um so mehr, da noch außerdem 5000 Maulthiere sich in der Schweiz befinden, von denen ein erheblicher Theil ebenfalls verwendbar wäre.

Die Dauer der Dienstzeit ist neuerdings auf 24 Jahre normirt worden, d. h. vom abgelaufenen 20. bis zum abge= laufenen 44. Altersjahre. Nehmen wir an, daß wir 10 % der Bevölkerung zum Militärdienst tauglich finden, eintheilen und unterrichten, so erhalten wir eine Armee von 250,000 Mann. Vorderhand größere Zahlen sich zu stecken und auf alle 24 Jahrgänge 12,000 Mann zu rechnen, was eine Zahl von 288,000 Mann ausmachen würde, scheint uns vorerst nicht erreichbar. Wir sehen auch nicht alles Heil nur in der Zahl, vielmehr in einer soliden wohlgegliederten Organisation und in gesunder auserlesener Mannschaft, die fähig ist, die Strapazen zu überstehen.

Altersklassen.

Wir theilen diese 250,000 Mann in drei Altersklassen, in der Weise, daß 100,000 Mann, nämlich die Jahrgänge von 21 bis und mit 28, den Auszug bilden. 100,000 Mann, nämlich die Jahrgänge von 29 bis und mit 38, die Reserve, und endlich 50,000 Mann die Landwehr, mit sechs Dienstjahren bis und mit dem 44. Altersjahre, bildet.

8 Jahre Auszug, 10 Jahre Reserve, 6 Jahre Land= wehr, mit der Hälfte des Effektivs der beiden ersten Alters=

klassen. Es ist hiebei auf den Abgang durch Tod und Krankheit Rücksicht genommen, der mit dem höhern Alter progressiv zunimmt.

Die erhaltenen Zahlen ergeben 4 % der Bevölkerung für den Auszug statt 3 %, wie bis dahin, 4 % für die Reserve statt 1 1/2 %, und 2 % für die Landwehr statt 3 %. Praktische Rücksichten auf die Bildung der taktischen Einheiten erfordern gebieterisch, daß Auszug und Reserve eine gleiche Anzahl derselben enthalten, um den Uebertritt successiv und ohne Störung vornehmen zu können. Zwei Reserve-Einheiten in eine Landwehr=Einheit zu verschmelzen, scheint uns von weniger schlimmen Folgen, als wie bis dahin zwei Auszügereinheiten in eine Reserveeinheit zu vereinigen, um daraus wieder zwei Landwehr=Einheiten zu formiren.

Waffengattungen.

Wir erhalten also 100,000 Mann Auszug; nun vertheilen wir solche in die verschiedenen Waffengattungen. Wir haben daraus zu bilden 9 Divisionen vereinigter Waffen und Rücksicht zu nehmen auf eine Spezialwaffen=Reserve, für welche wir 10 % in Anspruch nehmen. Es würde also der Auszug einer dieser 9 Divisionen bestehen aus 10,000 Mann. Diese bestehen aus:

9 Bataillonen Infanterie mit circa	6700	Mann,
2 „ Schützen	„ „	880	„
3 Komp. Genietruppen	„ „	360	„
3 Batterien Artillerie (18			
Geschütze)	„ „	600	„
3 Schwadronen Kavallerie	„ „	460	„
1 Guidenkompagnie	„ „	40	„
Uebertrag		9040	Mann.

			Uebertrag	9040	Mann.
1 Parktrainkompagnie	mit	circa	100		„
1 Parkkompagnie	„	„	80		„
Sanitätstruppen	„	„	90		„
Feldgendarmerie	„	„	40		„
Eisenbahn=, Post= und Telegraphenkorps	„	„	100		„
Verwaltungstruppen, Train 2c.	„	„	450		„
Stäbe der Division und Brigaden. Stabswache	„	„	100		„

Total 10,000 Mann.

Diese Zahlen nähern sich so ziemlich den in unsern Armeen bestehenden Effektivbeständen der einzelnen Korps, wir haben indeß überall auf eine kleine Zahl Ueberzählige gerechnet. Dann haben wir die Bildung neuer Korps, die absolut nothwendig ist, vorgesehen.

Die Divisionsartillerie bestände aus 1,8 Geschütze auf 1000 Mann, die Divisionskavallerie betrüge nicht ganz 5 % ihres Gesammt=Effektivs. In der Spezialwaffenreserve haben wir nun das Material, um Spezialkorps, wie z. B. Gebirgs= batterien, zu bilden und würden wir in diesem Falle nahezu eben so viel Feuerschlünde erhalten, wie den Divisionen zu= getheilt sind, nämlich 132, gebildet aus 18 Feldbatterien zu 6 Stück und 6 Gebirgsbatterien zu je 4 Stück. Total der Reserveartillerie=Mannschaft des Auszuges 4500 Mann.

Eine Kavalleriereserve des Auszugs mit ebenfalls	4500	
Eine Geniereserve des Auszugs, 5 bis 6 Komp. Pontonier mit Train 2c.	1000	„

Total 10,000 Mann.

Man erhielt so auf die 100,000 Mann. Effektiv 294 Kanonen, also nahezu 3 ⁰/₀₀, und circa 9000 Mann Kavallerie, nahezu 10 %. Zahlen, deren Proportion in ziemlich richtigem Verhältniß zur erfolgreichen Verwendung der Waffengattungen stehen.

Die Altersklasse der Reserve würde ganz in gleicher Weise eingetheilt. Eine vollständige Felddivision, aus Auszug und Reserve bestehend, betrüge ein Korps von 20,000 Mann, eine Zahl, welche auch in auswärtigen Armeen für eine Division mit Erfolg angenommen wird. Die Feldarmee bestände somit aus 9 Divisionen gemischte Waffen zu 20,000 Mann; 2 Artilleriedivisionen, 1 Auszug und 1 Reserve, von je 4500 Mann; 2 Kavalleriedivisionen, 1 Auszug und 1 Reserve, je 4500 Mann; 2 Geniereserve=Divisionen, 1 Auszug und 1 Reserve, je 1000 Mann.

Zum eigentlichen Feldzuge würden aus je zwei Divisionen ein Armeekorps gebildet und erhielten wir so 4 bis 5 Feldarmeekorps.

Die Landwehr erhielte eine von Auszug und Reserve insofern abweichende Bestimmung, als dieselbe hauptsächlich als Besatzungstruppe verwendet würde. Ihre Artillerie wäre nicht bespannt, sondern dient als Positionsartillerie. Die Zusammensetzung der Landwehrbrigaden und ihre Vereinigung zu Landwehrdivisionen kann indessen gleichwohl nach Analogie der Zusammensetzung der Felddivisionen stattfinden und würden in diesem Falle solche ihre bespannten Batterien in der Artilleriereserve finden. Das prozentische Verhältniß der gesammten Feldartillerie zur gesammten Armee beträgt zu 250,000 Mann 600 Feuerschlünde und ergibt 2,4 ⁰/₀₀, also circa 2,5 Geschütze auf 1000 Mann.

Auf diesem Fuße erhalten wir eine respektable Armee, mit welcher jeder Angreifer zählen muß und die mit Zutrauen zu sich selbst jeder ihr werdenden Aufgabe entgegen sehen kann. 2

Divisionsbezirke.

Wir haben die Stärke der Armee auf 10 Prozent der Bevölkerung angesetzt und so drei Altersklassen formirt, wovon die beiden ersten gleich stark, die dritte dagegen halb so stark angenommen wurde. Ferner haben wir das Verhältniß gesucht und gefunden, daß auf 1100 Mann treffen an Infanterie 670, an Schützen 90, an Kavallerie 90, an Artillerie 100, an Genietruppen 50, an Guiden 5, an Sanitätstruppen, die bei den Korps eingerechnet, 20, an Verwaltungstruppen und Trainmannschaften 60, Gendarmerie 5, Stäbe (Stabswache und Offiziersbediente inbegriffen) 10, total 1100.

Die Rekrutirung hätte sich also an diese approximativen Verhältnißzahlen, denen man indessen eine absolute Bedeutung nicht geben soll, zu halten und bei der Eintheilung auf dieselben Rücksicht zu nehmen.

Die letzte Volkszählung hat nun ergeben, daß die Bevölkerung etwas mehr als 2,5 Millionen ausmacht, und vielmehr auf 2,67 Millionen ansteigt. Es sind also circa 170,000 Seelen mehr, als unserer Berechnung zu Grunde gelegt. Man muß aber in Betracht ziehen, daß sehr viele Fremde in der Schweiz ansäßig sind, welche zum persönlichen Militärdienste nicht herangezogen werden können, und daß zum andern die in einzelnen Landestheilen übliche vorübergehende Auswanderung junger Leute in's Ausland deren Inanspruchnahme erschwert. Es wird daher die dennoch mögliche Mehrleistung von vielleicht 15,000 Mann, welche wir aus diesen 170,000 erhalten, nicht zur Bildung von neuen Korps verwendet werden, sondern zur Errichtung von Mannschaftsdepots, welche dazu dienen, den außerordentlichen Abgang der Korps zu decken. Man würde so jedem Korps eine Anzahl Depotmannschaft zutheilen, welche die Uebungen mitmacht, allein bei einem Ausrücken in's Feld in zweiter

Linie, zum Ausfüllen der Lücken zurückbehalten wird. Man erhielte so 6 bis 8, vielleicht auch 10 Prozent Ueberzählige.

Zur Vornahme der Rekrutirung, Instruktion, Administration 2c. würden, wie wir schon früher auseinandergesetzt, Divisions-Territorialbezirke gebildet, und zwar 9 solcher Bezirke, wie wir solche unsern Berechnungen zu Grunde gelegt haben. Unsere Kräfte an Personal erlauben uns, 9 Felddivisionen von 20,000 Mann aufzustellen, mit einer Spezialwaffenreserve von je 2000 Mann und einer Landwehrreserve von 5500 Mann, wobei noch eine gewisse Summe von Depotmannschaft zur Verfügung bleibt. Wir theilen nun das schweizerische Territorium in 9 annähernd gleiche Bezirke, welche je eine Bevölkerung von 280 bis 300,000 Seelen umschließen, indem wir Sorge tragen, städtische und landwirthschaftliche Gegenden in einen Bezirk zu vereinigen, um durch eine Bevölkerung, welche alle möglichen Elemente darbietet, zu einer passenden Besetzung der einzelnen Waffengattungen, so wie der Cadres zu gelangen. Die durch den Divisionsbezirk zu stellende Mannschaft beträgt, alle Altersklassen zusammengerechnet, 27,500 Mann; man wird indessen alle diejenigen Leute, welche Gesundheitshalber zum militärischen Dienste tauglich sind und im militärpflichtigen Alter stehen, zum persönlichen Dienste heranziehen, sie eintheilen und unterrichten.

Militärpflicht-Ersatzsteuer.

Diejenigen im dienstpflichtigen Alter stehenden Männer, welche nicht tauglich sind, haben eine dem Bunde zufließende Militärpflicht-Ersatzsteuer zu entrichten, welche sich nach den Vermögens- und Einkommensverhältnissen des Betreffenden berechnet. Die Steuer soll in einem gerechten Verhältnisse stehen zu den Vortheilen, welche dem Betreffenden aus seiner Dispensation erwachsen. Die militärischen Verwaltungsorgane der Division haben die Einkassirung und Verwaltung dieser Steuern zu besorgen.

Wir erlauben uns hier eine Idee anzuregen über die passendste Verwendung der so erzielten Steuern. Es ist schon oft mit Recht geklagt worden, daß der Militärpensions=fond absolut unzulänglich ist und waren bis jetzt alle An=läufe, in dieser Sache auf einen grünen Zweig zu kommen, ohne Erfolg. Es bietet sich nun in dieser Einnahmsquelle ein Mittel, diesen Fond stetig und mit Erfolg zu äuffnen, und würde es am Orte sein, wenn nicht alles, so doch eine gewisse Quote alljährlich, dem Pensionsfond zuzuweisen. Ein anderer Theil könnte dann zur Creirung eines Kriegsfonds, der dazu diente, die ersten Kosten einer Truppenaufstellung zu bezahlen, verwendet werden.

Die Militärsteuern wie bis dahin für die laufenden Ausgaben zu verwenden, scheint uns weder weise noch ihrer Bestimmung angemessen, sie sollen vielmehr dazu dienen, ein Kapital anzusammeln, um in Fällen von Truppenaufstellungen und Kriegsereignissen eine finanzielle Hülfe zu gewähren, in gleicher Weise wie die eingetheilte Mannschaft das Kapital an Menschenkräften darstellt, welche man im Laufe der Zeit zur Kriegführung gesammelt hat.

Die Rekrutirung

beginnt mit dem zurückgelegten 20. Altersjahre; es haben sich hiezu alle Jünglinge zu stellen, wessen Standes oder Gewerbes sie auch seien. Studirende, Seminaristen 2c. können keine Ausschluß=Vorrechte wie bis dahin für sich geltend machen. Es läßt sich bei den langen Ferien, welche je zur Sommers=

zeit in diesen Schulanstalten stattfinden, ganz leicht die militärische Unterrichtszeit einrichten, daß die Studien nicht auf störende Weise unterbrochen werden. Es versteht sich von selbst, daß auch auf das Fach, ob sie Mediziner oder Geistliche beider Konfessionen werden wollen, keine Rücksicht genommen werden kann. Für die Mediziner, die ja doch später in der Eigenschaft als Militärärzte funktioniren sollen, wäre es sehr nützlich, falls sie durch den Rekruten-Unterricht und durch einiges Verbleiben in der Truppe mit den Bedürfnissen derselben durch eigene Anschauung und Erfahrung Bekanntschaft gemacht hätten; ihr Wirken würde später viel besser und mit voller Sachkenntniß der militärischen Verhältnisse von statten gehen. Der gleiche Bildungsgang würde auch den Feldpatres nur vom größten Nutzen sein, und zudem die Abschließung dieses Standes vom Volke, der beiden Theilen zum Schaden gereicht, mehr und mehr verschwinden lassen. Besonders die katholische Geistlichkeit bedarf dringend einer patriotischen Wiedergeburt, und ist es nur vom größten Nutzen für das Vaterland, wenn ihre Seminaristen aus den dunkeln Stiftshütten heraus unter das wahrhafte Volk müssen und man sie dort lehrt, auch unsere Feldzeichen und unsere Fahnen kennen zu lernen, anstatt daß sie jeweilen nur dressirt werden, Losung und Feldgeschrei von jenseits der Berge zu empfangen. Erreichen sie ein gewisses Alter, so können sie den Ambülancen zugetheilt oder als Feldgeistliche beschäftigt werden. Es hat übrigens auch zu allen Zeiten streit- und wehrhafte Männer in der Kirche gegeben, und wir sehen nicht ein, warum nicht der eint oder andere als Kriegsoberst oder Hauptmann Erkleckliches leisten könnte.

Betreffs der Lehrer würden auch diese, wie jeder Andere, militärische Kurse durchmachen und Stellungen in der Armee einnehmen. Die Schule würde hievon den Nutzen ziehen, daß von der einseitigen Geistespflege nach und nach abgewichen

und auch der Ausbildung der körperlichen Kräfte das ihr ge=
bührende Recht würde. Zum großen Nutzen der folgenden
Generationen und einer harmonischen Entwicklung des Ein=
zelnen, der eben aus Leib und Seele besteht, deren gleich=
mäßige Kultur erst den Menschen zum vollen menschenwürdigen
Dasein befähigt. Der militärische Jugendunterricht erhielte
dann eine solide Grundlage und würde sich aus dem Sta=
dium der Versuche und der Kadettenspielerei zu einem eigent=
lichen Unterrichtsfache gestalten, dessen Aussaat in der Folge
zu schönen Früchten heranwachsen würde.

Sorge der Rekrutirungskommissionen wird es zudem sein,
durch genaue Kontrolirung Umgehungen der gesetzlichen Vor=
schriften zu vermeiden, sowie dafür zu sorgen, daß alle ohne
Unterschied, die tauglich erkannt werden, zur persönlichen
Dienstpflicht herangezogen werden. Dieß gilt besonders für
die Aufenthalter, welche sich in der Hauptsache von der Er=
füllung der Dienstpflicht bis jetzt fern zu halten mußten.

Wir verlangten, daß zur Rekrutirung alle Stände her=
beigezogen würden. Wir setzen uns hiebei zwei Ziele. Einmal
wird der Grundsatz der allgemeinen Wehrpflicht zur Wahrheit
und dann sichern wir der Armee eine Menge Intelligenzen,
welche ihr bis dahin ferne geblieben sind. Es wird dadurch
das Niveau der Bildung, welche heutzutage die Stärke und
ein Element des Erfolges einer Armee ausmacht, um ein
bedeutendes gehoben. Wir verkennen übrigens nicht, daß eine
bedeutende Opposition sich finden wird, welche z. B. von der
Wehrpflicht der Lehrer nichts wird wissen wollen. Hat doch
sogar der Berichterstatter einer waadtländischen Militär=
gesellschaft vor etwa einem Jahre in einem Rapport an die=
selbe, der in der „Allgem. Militärzeitung" zu lesen war, be=
hauptet: Der Besuch militärischer Schulen und Kurse würde
die Lehrer demoralisiren und sie zu ihrem Berufe untauglich
machen. Als ob unsere Militärkurse die Pflanzstätte der

Lüberlichkeit und des Lasters wären und nicht vielmehr die der Arbeit und der strengen Pflichterfüllung, und als ob nicht der Beruf eines republikanischen Milizen es erheische, alle diejenigen Tugenden in hohem Maße sich anzueignen, welche da sind: Fleiß, Ordnung, Mäßigkeit, Bescheidenheit und Selbstverläugnung; Tugenden, welche den Bürger sowohl als den Soldaten zieren, und ohne welche jede Armee vor dem Feinde zerschellen wird, wie wir dieß neuerdings in Frankreich gesehen haben. Geben wir uns indeß keine Mühe, diese Leute zu bekehren, finden sie doch das Ziel aller militärischen Bestrebungen im Chic, im Schwalbenschwanz und den Epauletten.

Die Geistlichkeit, besonders die katholische, wird sich jedenfalls auch in hohem Maße sträuben, auf ihre bisherigen Vorrechte zu verzichten. Das Recht des Staates, in der Materie bindende Gesetze zu erlassen, wird ihm indessen wohl nicht abzustreiten sein, und hoffen wir, daß er aus politischen Motiven den vollsten Gebrauch von seiner Omnipotenz machen werde. Also vorwärts, frisch gewagt, dem Muthigen gehört die Welt.

Kehren wir nach dieser kleinen Abschweifung wieder zu unserem Thema zurück. Zum Behufe der Rekrutirung theilen wir den Territorial-Divisionsbezirk in neun Rekrutirungsbezirke, welche den neun Auszügerbataillonen der Division entsprechen. An einem bestimmten Tage des Frühlings finden sich alle im Rekrutirungsbezirk wohnhaften jungen Leute, die das Alter erreicht haben, oder aus irgend einem Grunde noch nicht eingetheilt sind, zur Aushebungsmusterung ein. Die Wohnsitz- und Civilstandsregister, welche zu diesem Behufe pünktlich geführt werden sollen, geben die nöthigen Anhaltspunkte. Man wird übrigens Mittel und Wege ausfindig machen, um allfälligen Mißbräuchen zu begegnen, ohne jedoch die freie Niederlassung und das Wegzugsrecht zu hemmen.

Es ist gleich, wo der Dienstpflichtige seiner Militärpflicht nach=
kömmt, die Hauptsache ist, daß es geschieht. Ein Mittel, dieß
zu erreichen, würde vielleicht darin liegen, wenn die mili=
tärische Stellung und Begangenschaft im Heimatschein des
Betreffenden genau eingetragen und dieser Schein der mili=
tärischen Bezirksbehörde bei jeder Wohnsitzänderung zur Ein=
tragung und weiterer Verfügung mitgetheilt würde.

Die Aushebungskommission besteht aus Aerzten und
Offizieren und nimmt in erster Linie die Ausscheidung der
Diensttauglichen vor. Die zum persönlichen Dienst unfähig
Gefundenen werden ganz oder auf Zeit dispensirt und haben
sich, im letztern Falle nach Ablauf derselben, wieder zu stellen.

Unter den tauglich Erkannten wird eine vorläufige
Scheidung nach Waffengattungen vorgenommen. Bei dieser
Eintheilung werden auf körperliche und geistige Fähigkeiten
und auf den bürgerlichen Beruf des Rekruten zweckdienliche
Rücksichten genommen, ebenso auf dessen persönliche Wünsche.
Man wird sein Augenmerk darauf richten, für die Spezial=
waffen, besonders die berittenen Korps, die sich bis dato
äußerst schwierig rekrutirten, die nöthige Anzahl tauglicher
Rekruten zu finden.

Zum Eintritt in die Kavallerie ist der Besitz eines
Pferdes nicht mehr absolute Vorbedingung. Es ist vielmehr
Aufgabe des Staates, dem Reiter sein Pferd zu stellen. Auf
welche Weise dieß geschehen kann, werden wir später unter=
suchen. Unser bisheriges System, die Kavallerie zu rekrutiren,
führt zu keinem Resultate; Beweis hiefür ist die kürzlich ver=
öffentlichte Petition des bernischen Kavallerievereins an den
Großen Rath.

Die Ausrüstung und Bekleidung

der Rekruten, resp. des Militärs, ist durchaus Sache des
Staates. Der Milizpflichtige soll hiefür gar keine finanziellen
Opfer zu bringen haben. Es scheint, die Richtigkeit dieses
Grundsatzes sollte einer fernern Begründung füglich entbehren
können. Da man indessen bei uns vom Militärpflichtigen noch
heute hiefür große finanzielle Opfer fordert und von einer
gewissen Seite mit scheinbar plausiblen Gründen für die
Selbstausrüstung des Rekruten gekämpft wird, so erlauben
wir uns, die Gründe für unsere Meinung näher zu beleuchten.

Weitaus der größte Theil aller Milizpflichtigen gehört
der Arbeiterklasse an, welche sich mit Ehren durchschlägt, aber
wenig oder keine Ersparnisse machen kann. Diese Militärs
werden oft genöthigt, zur Anschaffung ihrer Ausrüstung
Schulden zu kontrahiren, welche sie längere Zeit bedrücken.
Ich will gerne zugeben, daß Manches für Jaß oder Tabak
in die Luft geht, was eine bessere Bestimmung erhalten
könnte, allein gewisse Genüsse und einige Zerstreuung und
Erholung nach harter Tagesarbeit ist den Leuten wohl zu
gönnen, und dient dazu, dem Bogen, der allzu straff ge=
spannt, zerspränge, seine Beugkraft zu erhalten. Ein anderes
größeres Kontingent liefert die ärmere ländliche Bevölkerung.
Diese besitzt wenig oder keine Baarmittel; ein Theil ist na=
türlich auch nicht im Stande, seine Ausrüstung zu bezahlen,
wird daher nur theilweise ausgerüstet und muß noch durch
verlängerten Militärdienst das Fehlende abverdienen, ohne die
ohnehin kleine Besoldung unverkürzt zu erhalten. Diese armen
Bursche sind wahrhaft zu bedauern, und war deren Lage
schon öfters Gegenstand der Erörterung in militärischen
Kreisen. Daß derartige Zustände nicht geeignet sind, Liebe
und Eifer zum Dienst zu wecken und tüchtige Soldaten zu
bilden, ist von vorneherein einleuchtend. Es suchen sich daher

auch Viele der Militärpflicht zu entziehen, weil ihnen der Geldbeutel nicht erlaubt, die vielen Ausgaben, die derselben entspringen, zu bestreiten.

Der Haupteinwurf, den wir gegen die Selbstanschaffung machen und der mehr theoretischen Gründen entspringt, ist der der ungleichen Belastung der einzelnen Bürger. Wenn die Kosten der Ausrüstung durch den Staat getragen werden, so bringen alle Bürger nach Maßgabe ihrer finanziellen Kräfte zur Tilgung dieser Aufgabe verhältnißmäßige Opfer. Die Last wird möglichst gleichmäßig auf Alle vertheilt. Nach der bisherigen Methode war dieß nicht der Fall, und wurden gerade diejenigen, welche ohnehin die größten Nachtheile an Zeit, Geld und Gesundheit erleiden, genöthigt, noch außerdem weitere Auslagen für ihre Ausrüstung zu tragen. Man hat in verschiedenen Kantonen die Ungerechtigkeit dieser Einrichtung eingesehen und bereits im angedeuteten Sinne die Ausrüstung und Bekleidung der Milizen ausschließlich dem Staate zur Last gelegt. Es ist vorauszusehen, daß auch bei der Ueber= nahme dieser Leistungen durch den Bund dieser Grundsatz adoptirt werde.

Bis jetzt wurde die Ausrüstung durch die Kantons= kriegskommissariate und Zeugämter besorgt. Durch die Cen= tralisation des Militärwesens wird es nöthig, ein anderes Verfahren einzuschlagen. Wir haben in der „Allgemeinen Militärzeitung" vor Kurzem auseinandergesetzt, daß die ganze Militärverwaltung einer andern einheitlichen und militärisch gegliederten Organisation bedürfe. Die Stelle der Kantons= kriegskommissariate wird eingenommen durch die Divisions= und Brigadekommissariate. In den Truppenkorps werden Montirungskommissionen, nach der Analogie der benachbarten Armeen, ernannt, welche zunächst die Uebernahme und In= standhaltung der Bekleidung und Ausrüstung des einzelnen Mannes, sowie des Korps zu besorgen haben. Die Inspek=

tionen werden erſt in dieſem Falle reellen Nutzen haben, in=
dem dann bei jedem Truppenkörper eine beſtimmte Behörde
iſt, welche für Mängel und Fehler verantwortlich gemacht
werden kann. Bis jetzt war dieß·nur in beſchränktem Maße
der Fall, indem die Offiziere der Korps mit Recht ihre Ver=
antwortlichkeit auf das Kantonskriegskommiſſariat abzuſchieben
trachteten. Daher auch die großen Lücken, welche ſich bei den
letzten Truppenaufſtellungen beinahe überall gezeigt haben.
Wir beziehen uns hiefür auf die offiziellen Rapporte und den
Bericht des Obergenerals.

Im Hauptquartier, Bezirkshauptort des Bataillons oder
Spezialkorps, befindet ſich unter der Aufſicht der Montirungs=
kommiſſion und unter der Leitung des Quartiermeiſters und
ſeiner Gehülfen ein Magazin, in welchem alle Ausrüſtungs=
gegenſtände aufbewahrt werden, welche der Einzelne nicht ver=
ſorgen kann, oder welche ihrer Natur wegen denſelben nicht
nach Hauſe mitgegeben werden können. Außerdem alle die=
jenigen Gegenſtände, wie Fuhrwerke u. dgl., welche die Korps=
ausrüſtung bilden. Oeftere im Laufe des Jahres wiederholte
Inſpektionen konſtatiren den guten Zuſtand aller dieſer Gegen=
ſtände. Es wird dafür geſorgt, daß ein gewiſſes Prozent
überzählige Monturgegenſtände auf Lager gehalten werden,
um allfälligen Abgang raſch zu erſetzen. Von ganz beſonderer
Wichtigkeit wäre es, eine Schuhwerk=Reſerve anzulegen; denn
es zeigt ſich bei jedem Feldzug die außerordentliche Schwierig=
keit, raſch in Beſitz einer größern Anzahl guter Schuhe oder
Stiefel zu gelangen. Die großen Nachtheile, welche mangel=
hafte Fußbekleidung auf die Schlagfertigkeit einer Armee aus=
übt, wird Niemand beſtreiten, und dürfen wir uns nicht ver=
hehlen, daß ein Viertel aller Kranken der Grenzbeſetzung vom
letzten Sommer Fußkranke waren, meiſtens veranlaßt durch
ſchlechte und unpaſſende Beſchuhung.

Bei der Bekleidung und Ausrüstung soll Umgang ge=
nommen werden von allem unnöthigen und überflüssigen Ge=
flunker und Geschimmer. Einfach, aber solid und praktisch
soll die Ausrüstung und Bekleidung sein und aller unnöthige
Firlefanz vermieden werden. Es ist anzuerkennen, daß in
dieser Beziehung in den letzten Jahren Fortschritte gemacht
wurden. Es können indessen immerhin in dieser Sache noch
weitere Verbesserungen erreicht werden.

Die gegenwärtig berathende Bundesrevisions=Kommission
hat durch Stichentscheid des Präsidenten beschlossen, zu be=
antragen, es solle die Ausrüstung zur Bundessache gemacht,
die Bekleidung aber den Kantonen überlassen bleiben. Es hat
der Herr Präsident ohne Zweifel nicht bedacht, daß durch diese
geistreiche Einrichtung ein doppeltes Beamtenpersonal unter=
halten werden müßte und daß, um einen Fetzen Kantonal=
Souverainität zu retten, man die Einheit und das Ineinander=
greifen der militärischen Organe stört und allen möglichen
Mißbräuchen Thür und Thor öffnet. Es hat dadurch der
Herr Präsident, der doch Militär ist, oder wenigstens sein
will, einen sehr geringen Beweis von militärischer Einsicht
an den Tag gelegt, hoffen wir, daß man in der Bundes=
versammlung die Sache mit mehr Geschick an die Hand nehme.*)

Bewaffnung.

Wir haben in unserm Tableau der Waffengattungen
eine ziemlich bedeutende Artillerie, nämlich 600 Feldgeschütze,
angenommen, außerdem noch Positionsgeschütze. Es ist außer
Zweifel, daß wir nicht im Besitz eines so bedeutenden Ma=
terials sind. In der letzten Bundesversammlung wurde der
Antrag gestellt, und so viel wir uns erinnern angenommen,
15 neue Feldbatterien zu erstellen mit 90 Geschützen. Dieß

---

*) Ist in zweiter Berathung der Revisions=Kommission bereits geschehen.

wird indeß kaum genügen, um die nöthige Anzahl zu erhalten. Es ist übrigens auch nicht nöthig, daß Alles von heute auf morgen gemacht werde, es soll in dieser Beziehung jährlich so viel als nur immer möglich gethan, und dann zu gleicher Zeit auf die Erziehung der nöthigen Mannschaften aller Fleiß verwendet werden. Die besten Kanonen werden uns nichts nützen, wenn wir keine Leute haben, um solche zu bedienen und keine Pferde, um sie zu bespannen.

Wie wir mit den Positionsgeschützen stehen, darüber haben wir gar keine Vorstellung. Auch würde es jedenfalls unter den jetzigen Umständen schwierig sein, solche an die Orte ihrer Verwendung so rasch zu bringen, als es nöthig wäre zur zweckdienlichen Benutzung. Endlich fehlt uns, wir können sagen, absolut alle und jede Befestigung, die heute auf irgend einen nachhaltigen Werth Anspruch machen könnte. Es ist gewiß, daß die Schweiz defensiv nie weniger wehrhaft war, als eben jetzt. Zu einer Zeit, wo alle umliegenden Staaten neue Befestigungen anlegen und die alten verändern oder verbessern, legen wir mit Gemüthsruhe die Hände in den Schooß und lassen die Vorsehung für uns sorgen. Es ist vorauszusehen, daß je nach Umständen kuriose Fügungen sich daraus entwickeln könnten. Beschränken wir uns für heute darauf, wieder einmal die Aufmerksamkeit auf diese absolut vernachlässigte Frage zu richten.

Die Bewaffnung der Infanterie ist soweit auf gutem Wege, als übereinstimmenden Urtheilen nach das angenommene Repetirgewehr allen denjenigen Anforderungen entspricht, welche man an eine ausgezeichnete Kriegswaffe stellen kann. Es ist gewiß, daß die Truppen, falls sie endlich diese Waffe in die Hände erhalten, volles Zutrauen zu derselben fassen werden. Sie trägt weit und sicher, ladet sich sehr rasch und wird durch richtige Benutzung des Magazins eine bedeutende Steigerung des Effektes erzielt. Sie ist leicht zu reinigen

und auseinander zu nehmen, hält ein langes Feuer ohne
Nachtheil aus und widersteht allen klimatischen Einflüssen
auf's Beste. Sie ist jeder feindlichen Waffe ebenbürtig, wenn
nicht überlegen. Alles Vorzüge, welche von großem materiellen
und moralischen Gewichte sind. Nur schade, daß die Fabri=
kation so schrecklich langsam von statten geht. Es wird auch
voraussichtlich noch mehrere Jahre dauern, ehe unsere Armee
mit dem Vetterligewehr bewaffnet sein wird, so daß wir bis
dahin noch Gewehre verschiedener Systeme neben einander
gebrauchen müssen, was große Uebelstände nach sich zieht.

Vom 1. April an verspricht man uns täglich 100 Ge=
wehre, das macht bis Ende des Jahres 27,000. Es würde
somit, falls wir 250,000 Mann damit bewaffnen wollen, in=
clusive der Reiterkarabiner (und die öffentliche Meinung so=
wohl als die Soldaten werden verlangen, daß alle drei Alters=
klassen gleich gute Waffen haben), circa 6 bis 7 Jahre dauern,
um den nöthigen Bedarf zu erstellen. Das ist ohne Zweifel
eine lange Zeit. Wenn die Zeitgeschichte fortfährt, Riesen=
schritte zu machen, wie seit einigen Jahren, so dürfte unsere
Waffenfabrikation vielleicht eben so spät kommen, wie der
bekannte Oesterreicher Landsturm.

Eine bedeutende Lücke finden wir in dem Umstande, daß
die Offiziere nicht von Staats wegen einen guten Revolver
erhalten, eben so wenig diejenigen Soldaten oder Reiter,
welche nicht mit dem Repetirgewehr oder Karabiner bewaffnet
werden. Es ist doch offenbar allen diesen Leuten nicht zu=
zumuthen, sich auf eigene Kosten zu armiren. Es ist sehr
schwer, etwas wirklich Kriegstüchtiges auszuwählen. Ferner
ist es unmöglich, die Munition zu ersetzen, falls nicht ein=
heitliche Modelle vorhanden sind. Alles dieß ist bis dato
gänzlich vernachläſſigt worden, und hat doch gewiß eine nicht
zu unterschätzende Bedeutung. Hoffen wir, daß diese Frage
ernstlich untersucht und rasch und glücklich gelöst werde.

Waffenfabrikation.

Wir haben zuletzt in Kürze den Stand unserer Waffen durchgegangen und gefunden, daß noch mancherlei zu wünschen übrig bleibt. Besonders fanden wir die Zeit, welche deren Fabrikation in Anspruch nimmt, sehr lang, und konnten nicht umhin, in derselben ernstliche Gefahren zu erblicken. Halten wir uns daher einen Augenblick dabei auf.

Alle unsere Waffen werden in der Hauptsache durch die Privat-Industrie hergestellt. Das ist sehr schön und zeugt von sehr großer Leistungsfähigkeit derselben, werden die Anhänger dieses Unternehmersystems nicht unterlassen rühmend hervorzuheben. Abgesehen davon, daß wir indessen hiebei theilweise dem Auslande tributär sind, müssen wir bekennen, daß wir nicht halb so sehr von der Vortrefflichkeit dieser Einrichtung überall und an allen Orten überzeugt sind. Wir halten überhaupt in militärischen Dingen das Regiesystem, mit Verständniß angewendet, für das Richtigere. Wir halten zudem grundsätzlich dafür, daß ein Staat die zu seiner Armirung nöthigen Arbeiten selbst vornehmen soll. Alle zur Anfertigung von Waffen nöthigen Etablissemente, Werkzeuge und Maschinen sollen sich in seinem eigenen Besitze befinden, damit er vollständig unabhängig von äußern Einflüssen seine Bedürfnisse selbst befriedigen kann. Jedes Privatunternehmen wird, wie auch natürlich, nur des Gewinnes halber unternommen. Die Waffenfabriken wollen bei ihren Lieferungen einen gewissen Profit realisiren, den wir ihnen auch keineswegs mißgönnen. Es können indessen Ereignisse eintreten, welche unter Umständen den Staat gänzlich in die Hände von Unternehmern geben, falls er kein anderes Mittel hat, seinen Ausfall sonst zu decken.

Es scheint uns dieses eine eben so gefährliche als unwürdige Stellung. Man wird sich daher nicht wundern, wenn wir, von diesem Standpunkte ausgehend, die Gründung eidgenössischer Waffenfabriken und Geschützgießereien befürworten. Dieselben müssen in der Centralschweiz an geeigneten Orten errichtet werden. Schaffhausen ist kaum der dazu passendste Ort. Im tiefen Frieden mag es angehen. Im Kriege, und wenn wir uns armiren, oder in Voraussicht eines möglichen Krieges, wäre diese Fabrik kaum lange im Stande, gute Dienste zu leisten. Besonders nicht, wenn eine Verwicklung mit Deutschland zu fürchten wäre. Diese Werkstätten, eingerichtet und betrieben auf eidgenössische Rechnung, würden einen großen Vorrath von Rohmaterial aufhäufen, damit auch in Zeiten der Unterbrechung des Handelsverkehrs die Fabrikation ungestört vor sich gehen kann. Wir dürfen nie vergessen, daß wir keine Seehäfen haben und daß uns in einem Kriegsfalle nur von allfälligen Alliirten Waffen zukommen können. Alle übrigen Nachbarn müßten in Aufrechterhaltung ihrer Neutralität jede Aus- und Durchfuhr untersagen. Fatal ist auch, daß noch keine Vorarlbergbahn uns von den deutschen Bahnen theilweise unabhängig macht, sowie auch gegen Italien die Verbindungen bis zur Erstellung der Alpenbahnen äußerst schwierig sind. Diese Faktoren sind bei der Beurtheilung der Bewaffnungsfrage sehr wichtig und aller Berücksichtigung werth.

Man wendet gegen die Einrichtung von staatlichen Waffenfabriken ein, daß der Betrieb derselben viel zu theuer zu stehen komme und es finanziell viel vortheilhafter sei, die Waffen fertig anzuschaffen. Es wird absolut davon abhangen, wie man diese Werkstätten organisiren wird. Weiß man mit vollem Verständniß sämmtlicher Faktoren zu arbeiten und an die rechte Stelle die rechten Leute zu bringen, sowie deren Leistungen entsprechend zu bezahlen, so sehen wir nicht ein, warum man nicht eben so gut auch Ersparnisse erzielen könnte. Es ist dieß indeß absolute Nebensache. Hauptsache ist, die

Wehrkraft durch alle verfügbaren Mittel zu heben und zu sichern und in der Hand des Staates alle Bedingungen zu vereinigen, um ein vollendetes Wehrsystem zu schaffen. Gewiß ist der Satz der richtige, daß nicht dasjenige Wehrsystem das billigste ist, welches am wenigsten kostet, sondern dasjenige, welches am sichersten zum Ziele führt.

Wir können daher nicht anders, als unsern Behörden sowohl als dem Volke die Untersuchung dieses Gegenstandes auf das Dringendste zu empfehlen.

Munition.

Das Feuergefecht gewinnt mit jedem neuen Kriege eine höhere Bedeutung. Der Nahkampf und die blanke Waffe verlieren bei den heutigen Präzisions- und Fernwaffen ihre durchschlagende Wirkung und ist die Hauptentscheidung in eine richtige Leitung und konsequente Durchführung des Feuergefechtes gelegt. Eine Verkennung dieses Grundsatzes würde gegebenen Falles unsern Truppen die größten Verluste und Niederlagen beibringen. Die erhöhte Bedeutung des Feuergefechtes bedingt zweierlei, einmal Verlassen jeder tiefen Aufstellung und Suchen einer möglichst ausgebreiteten umfassenden Schlachtlinie, deren Feuer gegen den Feind convergirt, und taktische Formationen, welche die Theilnahme jedes Einzelnen am Gefecht und im Feuer erlauben. Also Verlassen aller Sturm- und Angriffskolonnen, welche unseres Erachtens nur mehr gegen einen schon bereits wankenden und demoralisirten Gegner, dessen Feuer nicht mehr zu fürchten ist, angewendet werden dürfen, und Ausbeutung eines wohlgeleiteten und wohlgenährten Feuers. Das unsern Truppen bestimmte Repetirgewehr bietet in hohem Maße alle Bedingungen dieser Taktik. Es muß aber für viele und gute Munition gesorgt und solche so zur Verfügung stehen, daß jeder Ausfall rasch ersetzt werde.

3

Man hat aus dem verhältnißmäßig geringen Munitionsverbrauch früherer Feldzüge, besonders des böhmischen, be-
weisen wollen, daß ein Vorrath von 200 Patronen für einen
Infanteristen und Schützen unter allen Umständen genüge.
Der böhmische Feldzug dauerte aber bekanntlich nur sehr kurze
Zeit und standen bei demselben Vorderladergewehre groß-
kalibrigen Hinterladern entgegen. Beides Verhältnisse, welche
den Munitionsverbrauch bedeutend beschränken. Es wird in
der Folge stets das Bestreben beider Parteien sein, den Gegner
durch ein überlegenes Feuer zu erdrücken; wir müssen daher
unsern Truppen Munition genug verschaffen. Besser, sie ver-
schwenden davon möglicherweise, als daß unter Umständen
zu wenig verschossen werde. Größere Uebung im Zielschießen
und ein die Intelligenz des Mannes schärfender Unterricht
erlauben dann, den größten Nutzen aus dem Feuergefecht zu
ziehen und von der Ueberlegenheit des Repetirgewehres Gebrauch zu machen.

Wie steht es aber mit Vorrath und Fabrikation der
Patronen, welche nun nicht mehr jeder einzelne Mann nöthigenfalls selber machen kann, sondern welche eine komplizirte
Maschinerie und geübte Arbeiter erfordern? Wir können behaupten, daß es letzten Sommer sehr betrübt damit aussah,
und weder die Eidgenossenschaft noch die Kantone sich im
Besitze eines nur entfernt genügenden Vorrathes befanden.
Die einzig bestehende eidg. Patronenfabrik in Thun war erst
gegen Ende Oktober im Stande, den Aufträgen zu genügen,
welche schon im Juli an sie gerichtet wurden. Wie sollte das
in einem auch nur ein bischen ernsthaften Feldzuge zugehen?
Würden die Truppen, die ohne Munition im Feuer stehen,
nicht sofort nach Verrath schreien?

Eine einzige Patronenfabrik zu besitzen bei den vielen
Zufällen, welche sich ereignen können, grenzt an höhern Blöd-
sinn. Und wie, wenn sie eines schönen Morgens in die Luft

flöge und die einzige Ersatzmaschine den gleichen Weg finden würde? Was würden uns alle unsere Repetirgewehre, was würde aller Muth und alle Aufopferung nützen?

Da muß rasch Abhülfe geschafft werden, und dieß kann nur dadurch geschehen, daß an vier bis fünf verschiedenen Orten der Centralschweiz, wie z. B. Bülle, Thun, Luzern, Rapperswyl 2c. Patronenfabriken montirt und mit eingeübter Militärmannschaft versehen werden, welche abwechslungsweise den Bedarf liefern und im Kriegsfall alle zusammen arbeiten. Für die Beschaffung der Artilleriemunition muß in ähnlicher Weise vorgesorgt werden. Diese Verbreitung der Fabrikation auf verschiedene Punkte hat schon der Spedition halber immense Vortheile und sichert einzig eine regelmäßige Versorgung der Armee. Sie macht uns endlich unabhängig vom Zufall und erlaubt mit größerer Zuversicht kommenden Dingen entgegenzusehen.

Pferdebedarf der Armee.

Zu einer Armee gehören nicht nur Soldaten, die bekleidet, ausgerüstet und bewaffnet sind, sondern auch Pferde, und zwar viele und gute Pferde, um die Reiter zu tragen, Kanonen, Munitions-, Gepäck- und Proviantwagen zu ziehen, überhaupt um alle Transporte zu besorgen. Wir haben die Pferde hiezu gerade so nöthig wie die Soldaten und brauchen verschiedene Sorten, um die verschiedenen Dienstverrichtungen zu ermöglichen. Es frägt sich nun, ob wir auch das nöthige Material besitzen, um eine so zahlreiche Armee, wie wir sie vorgesehen haben, reichlich oder auch nur nothdürftig mit dem nöthigen Pferdebestand zu versehen.

Wir haben in einem frühern Artikel gesehen, daß die Schweiz an Pferden 100,000 Stück besitzt, und dazu noch circa 5000 Maulthiere. Hievon rechnen wir die Hälfte als zum Kriegsdienst brauchbar, falls sie jeweilen für den speziellen Zweck richtig ausgewählt worden sind. Die Vertheilung derselben in der Eidgenossenschaft ist indessen eine höchst ungleiche, indem es in einzelnen Kantonen auf 1000 Einwohner 87, wie in Freiburg, 81 in Waadt, 60 in Wallis und Bern, dann aber bloß 11 in Glarus, 15 in Appenzell A.=Rh. und Nidwalden trifft, so daß das Mittel aller Kantone auf 1000 Einwohner 42 Pferde beträgt, wovon 25 über 4 Jahre.

Es geht aus diesen Vergleichungen hervor, daß wir mit den Pferden, gleich wie mit den Leuten, uns nicht an die Kantonsgrenzen halten können, sondern eben auch die Pferde wie die Leute da nehmen müssen, wo sie sind. Wir wollen damit sagen, daß wir die Pferde eben auch ausheben müssen. Die „Tagespost" hat unterm 1. Februar und folgende Tage einen längern Aufsatz über das Verfahren bei den Pferde=Einschätzungen und die vielen Nachtheile, welche demselben anhaften, gebracht. Die ganze auf dem Lieferanten= und Requisitionssystem fußende Einrichtung wurde einer gerechten Kritik unterworfen. Diese Artikel, der Feder eines durchaus kompetenten Artillerieoffiziers entsprungen, verurtheilen das System auf's schärffte. Sie geben demselben schuld, daß unsere Artillerie in der Hauptsache schlecht bespannt sei, und die Offiziere und Unteroffiziere Ackergäule statt Reitpferde erhalten.

Diese schlechten und unzureichenden Pferde müssen zudem noch sehr theuer bezahlt werden durch das System der Miethe und der nachträglichen Abschatzung. Es fällt überdieß meistens der volle Ertrag der Miethgelder nicht einmal in die Tasche des Eigenthümers der Pferde, sondern in die der Zwischen=händler und Lieferanten. Die Schätzungen der Pferde sind äußerst ungleich und geräth dadurch der Staat oft in bedeu=tende Nachtheile. Für einen längern Feldzug zudem ist das

System der Miethe ein äußerst kostspieliges und ruinirendes für unsere Finanzen, und huldigt demselben auch sonst kein anderer Staat; überhaupt taugt auch unserer Ansicht nach die ganze Einrichtung nichts. Wie müssen wir also die Sache angreifen, daß etwas Brauchbares und Vernünftiges dabei herauskommt?

Der Einsender in der „Tagespost" sagt es uns, und können wir uns vollständig seiner Ansicht anschließen. Er wünscht nämlich, es möchten alle Jahre zu gleicher Zeit durch mehrere Kommissionen sämmtliche in der Schweiz vorhandene Pferde, vom Luxuspferd bis zum Karrengaul, inspizirt werden, was durch einfaches Vorführen geschieht. Diese Kommissionen legen Verzeichnisse an, in welchem nachgewiesen wird, zu welcher Waffe die Pferde tauglich sind, welchen Werth dieselben nach mittlern Landpreisen haben, ob sie schon Militärdienst und welchen gemacht haben, ob sie zum Dienste tauglich oder untauglich sind. Diese Verzeichnisse werden zuständigen Ortes, wie wir uns die Sache denken, dem Divisionskriegskommissär des Militärdivisionsbezirks zugestellt. Es finden nun im Laufe des Jahres natürlich Mutationen statt, allein im Großen und Ganzen bleibt sich der Stand so ziemlich gleich.

Man wird aus diesen Verzeichnissen ersehen, wie viel Offiziers=, Kavallerie=, Artillerie= und Trainpferde vorhanden sind und dann dieselben den verschiedenen Korps so zutheilen, daß die im gleichen Divisionsbezirk befindlichen zunächst über dieselben verfügen.

In Friedenszeiten und zu Friedensübungen würde über diese Pferde nicht verfügt; nur bei einer Kriegsaufstellung, Grenzbesetzung u. dgl. In diesem Falle sind die Pferdeeigen=thümer gehalten, ihren Bestand an einem bestimmten Tage bezirksweise vorzuführen und wird die Aushebung unter billiger Berücksichtigung des Einzelnen so vorgenommen, daß einem Besitzer, der mehrere Pferde hat, nicht alle weggenommen werden. Die ausgesuchten Pferde werden durch eine Kommission, in welcher die Lokalbehörden vertreten sind, möglichst richtig geschätzt und den Eigenthümern der Preis für ihre Pferde zur Hälfte sofort, zur Hälfte nach einem bestimmten Termine bezahlt. Die deutschen Staaten befolgen akkurat dieses System und finden sich wohl dabei. Warum sollten wir es nicht anwenden können? Jedenfalls werden unsere Pferdebesitzer lieber die Pferde an unsere Armee abgeben, als sie später im Falle einer Invasion dem Feinde, meist ohne Entgelt, überlassen zu müssen; sie treten sie auch viel lieber gegen Bezahlung ab, wenn sie schon ihren Liebhaberpreis nicht voll erhalten, als daß sie auf die Umtriebe und Unannehmlichkeiten der miethweisen Ueberlassung eingehen wollen.

Für die Friedensübungen und um einen Stock gut eingeführter Armeepferde zu haben, schafft die Eidgenossenschaft eine gewisse Anzahl Pferde an, welche zu allen Uebungen und Exerzitien dienen, die im Laufe des Jahres vorgenommen werden. Diese Pferde bilden die Cadres, in welche die bei der Mobilmachung auf oben bemerkte Weise angeschafften Pferde einrücken. Diejenigen Pferdebesitzer, die Militärs sind und welche Pferde zu ihren Dienstverrichtungen gebrauchen, werden in gleicher Weise behandelt wie die andern Eigenthümer, sie haben indessen die Vergünstigung, im Dienste ihre Pferde benutzen zu können. Bei den Friedensübungen können sie dieselben mitbringen und erhalten dann eine entsprechende Entschädigung für die Dauer ihrer Dienstzeit. Es wird dieß meistens Offiziere und Kavalleristen betreffen.

Die der Eidgenossenschaft gehörenden Pferde können über den Winter, oder zu Zeiten, wo sie nicht gebraucht werden, an Landleute oder Industrielle unter gewissen sichernden Bedingungen zum Gebrauche überlassen werden, wie dieß auch in andern Staaten zum großen Nutzen des Fiskus geschieht.

Der Kosthalter ist dann für jeden selbst an dem Pferde ver=
anlaßten Schaden, der bei richtiger Sorgfalt vermieden werden
konnte, verantwortlich und kann zum Schadenersatz angehalten
werden.

Wenn wir bedenken, daß jedes Miethpferd im Mittel
wenigstens täglich Fr. 3 Miethe kostet, was monatlich Fr. 90
ausmacht, so ist in circa 5 bis 6 Monaten der Preis eines
gewöhnlichen Artilleriepferdes an Miethe ausgegeben. Dem
Staate bleibt aber in diesem Falle kein Gegenwerth für seine
Ausgabe, beim Kaufe bleibt ihm doch das Pferd, welches
möglicherweise am Ende des Dienstes den gleichen, vielleicht
gar den höhern Werth besitzt, als beim Ankauf desselben.
Das Futter muß so wie so bezahlt werden. Es kommen
indessen noch die Ein= und Abschatzungskosten dazu, ferner
die Abschatzungen, welche oft den ganzen Werth des Pferdes
betreffen, Kosten für die Kuranstalten, Arzneien 2c. Diese
Posten alle betrugen im Jahr 1869, so viel uns erinnerlich,
die Summe von circa Fr. 180,000, und kehren alle Jahre
in ungefähr gleicher Summe wieder.

In Frankreich und andern Staaten rechnet man die
durchschnittliche Dauer eines Armeepferdes auf 7 Jahre. Der
Ankaufspreis würde sich bei jungen fünfjährigen Pferden,
falls zur rechten Zeit und am rechten Orte eingekauft wird,
auf Fr. 7—800 stellen, so daß also eine jährliche Abschreibung
von Fr. 100—150, welche die Anschaffungskosten des Pferdes
per Jahr repräsentirte, vorgenommen werden müßte. Das
Zureiten und Dressiren der Pferde geschähe durch Kavalle=
risten, welche dabei zu gleicher Zeit eine gute Schule durch=
machen, und abwechslungsweise dazu kommandirt würden.
Das Einfahren erzielt man durch Trainmannschaften in gleicher
Weise. Man könnte dazu vortheilhaft die Wintermonate
verwenden.

Es frägt sich nun, wie viel eigene Pferde muß die Eidgenossenschaft haben, um den Anforderungen zu entsprechen? Wenn wir einen genauen Pferdestand haben, in obiger Weise ausgeführt, und unsern Vorrath in tauglichen Reit- und Zugpferden genau kennen, so sind wir im Stande zu berechnen, was wir noch anzuschaffen haben. Zugferde werden wahrscheinlich mehr als genug sein; ein größerer Mangel wird an Reitpferden herrschen. Es werden sich daher die Ankäufe mehr auf solche zu richten haben, wobei indessen so viel möglich auf Pferde à deux mains gesehen werden soll.

Wir brauchen für die Feldarmee an Pferden für die Kavallerie, Guiden, Dragoner, Gendarmen inbegriffen, 20,000 Stück, hievon 10,000 für den Auszug, 10,000 für die Reserve.

Für die Artillerie setzen wir die Feldbatterie statt zu 104 zu 115 Pferden an. Sie braucht in diesem Falle keine Pferde für Gepäck zc. zu requiriren, wie bis dahin; wir brauchen bei 100 Batterien circa 12,000 Pferde, Zug- und Reitpferde.

Für das Genie brauchen wir per Sappeurkompagnie für sämmtliche Caisson, Rüst-, Gepäck- und Proviantwagen 15 Pferde; wir haben 6 Kompagnien per Felddivision von 20,000 Mann und brauchen somit 810 bis 850 Pferde für die Sappeurs.

Für die Pontoniers 6 Pontontrainkompagnien mit 150 Pferden, gleich 900 Pferden.

Für die Infanterie und Schützen, 22 Bataillone per Felddivision mit je 30 Pferden, davon 6—8 Reitpferde, 20 Zugpferde. 198 Bataillone à 25—28, circa 5700 Pferde.

Sanitätsdienst. 9 Ambulancen, eine per Felddivision, mit je 100 Pferden. Total 900 Pferde.

Proviantkolonnen und Proviantparks. 10 Proviantkolonnen von 130 bis 150 Wagen; Pferde je 600, Total 6000.

Generaltotal der Pferde für die Feldarmee:

Stäbe	1,500
Kavallerie	20,000
Artillerie	14,700
Genie	1,750
Infanterie	5,700
Ambulancen	900
Post und Telegraph	200
Proviantkolonnen	6,000
Verwaltungssektionen	250
Total	51,000.

Es brauchen aber dann keine Pferde irgend welcher Art für den ordentlichen Dienst mehr requirirt zu werden, höchstens etwa für Vorspann und außerordentliche Bedürfnisse. Den Korps sind überzählige Pferde zugetheilt und alle ihre Bedürfnisse reichlich berücksichtigt worden. Von diesen 51,000 Pferden müssen wenigstens 25,000 zum Reiten tauglich sein, die übrigen 26,000 Zugpferde.

Wir haben nun aber nur für die Feldarmee gesorgt, und bleibt die Landwehr noch unberücksichtigt, welche ohne Feldartillerie und mit einem kleinern Effektiv als die Feldarmee auch verhältnißmäßig weniger Pferde beanspracht als dieselbe, immerhin bedürfen wir doch 10,000 Pferde, um die Landwehr zu mobilisiren. Dieß erreicht beinahe schon den für die Armee brauchbaren Pferde- und Maulthierbestand über 4 Jahre, von circa 65,000 Stück, wenn wir bedenken, daß viele dieser Thiere für den Dienst kaum tauglich sein würden. Man müßte daher vorübergehend zu Hengsten und Zuchtstuten oder jüngern Thieren greifen, von denen wir allerdings noch einige Tausend ohne zu großen Nachtheil verwenden können. Wir haben dann aber so zu sagen nichts, um den Abgang zu ersetzen, und wird man sich darauf einrichten müssen, dem Feinde so viel möglich Pferde abzujagen und die

unfern durch gutes Futter und sorgfältige Pflege möglichst
lange zu erhalten, was nur möglich ist, wenn der Verwaltung,
d. h. dem Kriegskommissariat, alle diejenigen Mittel an die
Hand gegeben werden, welche zu einer glücklichen Lösung seiner
Aufgabe unumgänglich nöthig sind.

Aus dieser rohen Berechnung des Bedarfes an Pferden
können wir zum Andern auch noch entnehmen, daß es nichts
nützt, auf die Aufstellung einer großen Militärmacht an Mann=
schaften zählen zu wollen, da die übrigen Faktoren, um diese
Mannschaften zu mobilisiren, nicht vorhanden sind.

Der Haupteinwurf, den wir erwarten, wird sich wohl
gegen die 20,000 Mann Kavallerie richten, als eine viel zu
große Zahl für unsere Verhältnisse. Wir wollen gerne zu=
geben, daß eine solche Kavallerie nicht in unsern bisherigen
idillisch militärischen Zuständen erreichbar war. Es ist indessen
Zeit, vom militärischen Standpunkte aus mit unsern Kavallerie=
Traditionen ganz und durchaus zu brechen und an die Stelle
der Kavallerie der Müller, Wirthe und Landleute, die zu=
fällig sich im Besitze eines Pferdes befinden, eine wirkliche
Kavallerie zu setzen, die sich da rekrutirt, wo kühne und ent=
schlossene Gesellen ein ächtes Reiterkorps bilden können.

Ohne Kavallerie, und zwar ohne zahlreiche Kavallerie,
ist eine Armee heutzutage gar nicht, absolut nicht im Stande,
auch nur die einfachste Aufgabe vor dem Feinde zu lösen.
Bedeutende Militärschriftsteller verlangen den fünften Theil
des Effektives der Armee an Kavallerie; wir haben auch die
deutschen Armeen in Frankreich in dieser Proportion auf=
treten sehen. Welche außerordentliche Erfolge diese Armeen,
just durch die geschickte und richtige Verwendung ihrer Ka=
vallerie erreicht haben, ist noch Jedermann frisch im Gedächt=
niß. Dem gegenüber stellte sich auf französischer Seite zuerst
der Mangel an richtiger Führung der Kavallerie und nachher
der Mangel an Kavallerie überhaupt als ein bedeutender

Faktor der erlittenen Niederlagen heraus. Wir dürfen nur nicht glauben, wozu wir, weiß Gott aus welcher angebornen Blindheit, so leicht geneigt sind, daß für uns die Bedingungen der Kriegführung andere seien als für unsere Nachbaren.

Das Horn des Uristiers hat nicht mehr die Bedeutung, welche es noch bei Grandson besaß, und sind unsere allfälligen Gegner nicht mehr wie damals zusammengeworbene Heere, sondern eben auch Volksheere wie das unsere. Wollen wir irgend einen Erfolg erzielen, so müssen wir uns in den Besitz aller Faktoren setzen, die geeignet sind, diesen zu erreichen. Dazu gehört neben einer guten und großen Artillerie auch eine zahlreiche, wohlberittene und kühn geführte Kavallerie. Wir haben uns begnügt, statt ein Fünftel, ein Zehntel Kavallerie vorzusehen, in Berücksichtigung unserer speziellen Verhältnisse. Das dünkt uns aber, denselben vollständig Rechnung getragen, und begreifen wir nicht, wie Oberst Rothplez in seinem sonst so geschätzten Buche „die schweizerische Armee im Felde" auf eine Armee von 273,000 Mann glaubt, mit den angenommenen circa 2800 bis 3000 Mann Kavallerie irgend ein vernünftiges Verhältniß zu erzielen und welche Dienste er wohl von dieser Hand voll Leute zu erzielen gedenkt.

Es hat sich übrigens auch bei der letzten Grenzbesetzung gezeigt, daß wir überall viel zu wenig Kavallerie hatten, und unsere Truppen sind daher an verschiedenen Orten, gerade in St. Croix und im Jourthale, sozusagen förmlich überrumpelt worden. Es ist absolut nur den gänzlich inoffensiven Franzosen zuzuschreiben, wenn daraus keine ärgern Mißstände entstanden.

Doch genug für heute über diesen Gegenstand. Es bliebe noch übrig zu berechnen, wie viele Pferde die Eidgenossenschaft für den Bedarf ihrer Schulen und Wiederholungskurse anzuschaffen hat. In den ersten Jahren wird der Bedarf etwas

größer sein, wenn man rasch die Armee zu der gewünschten
Stärke eintheilen und unterrichten will, als später, wo dann
nur die alljährlichen Kurse wiederkehren. Immerhin glauben
wir nicht, daß wir unter einigen Tausenden werden aus=
kommen können. Es wird dieß eine Frage sein, die durch die
Praxis am besten wird beantwortet werden.

Beschäftigen wir uns nun mit dem

Unterricht,

welcher die Rekruten zu Soldaten heranbilden und den
Unter= und Oberoffizieren diejenige technische und geistige
Ausbildung verschaffen soll, um mit Erfolg dem edlen Waffen=
spiele obzuliegen.

Der Unterricht der Truppen wurde bis dahin in der
Hauptsache durch sogenannte Instruktoren besorgt und leistete,
wenn man die kurze Zeit in Betracht zieht, im Ganzen Be=
friedigendes. Es wird aber geklagt, daß weder die Offiziere,
noch die Unteroffiziere in dem zu einem gedeihlichen Resultate
absolut nöthigen Maße bei diesem Unterrichte theilnehmen
und daß deren Fortschritte mit denen der Mannschaft nicht
Schritt halten. Es ist eine bekannte Erfahrung, daß man in
der Regel eine Wissenschaft oder Kunst nur dann besitzt, wenn
man sie Andern lehren und beibringen kann, da durch die
geistige Arbeit Eigenes auch Andern beizubringen, erst das
eigene Wissen zu vollständiger Abrundung gelangt. Es stellt
sich daher für Offiziere und Unteroffiziere der Unterricht der
Truppe als eigentliches Bildungsmittel dar, geeignet, deren
Wissen und Können in jeder Beziehung zu heben. Es ist
aber auch dieses Verfahren, welches bereits durch umsichtige
Ober=Instruktoren so viel als möglich zu verbreiten gesucht
wurde, ein gutes Mittel, bei den Befehlenden Klarheit und
Sicherheit in ihren Dienstobliegenheiten zu erziehen und bei

dem Lernenden und Untergebenen das nöthige Vertrauen und die Achtung zu pflanzen, welche zu einem gedeihlichen Zusammenwirken so absolut nöthig sind.

Wir wünschen daher den Grundsatz allgemein ange=nommen zu sehen, daß aller Unterricht durch die unmittelbar Vorgesetzten ertheilt werden soll. Eigentliche Instruktoren würden dadurch nicht überflüssig werden, allein deren Hülfe würde sich darauf beschränken, mehr nur nachhelfend und mit größerer pädagogischer Methode ausgerüstet, schwächere Offi=ziere und Unteroffiziere anzuleiten, bis solche im Stand sind, auf eigenen Füßen zu stehen.

In der Methode des Unterrichtes sollte man von dem mechanischen Eintrichtern, Eindrüllen, absehen und eine ver=standesmäßigere Richtung zu erreichen suchen. Beibringung der Formen des Reglementes scheint noch vielen Militärs die Hauptsache; sie wollen nicht einen Mann vor sich haben, der gewohnt ist, über das Warum und Wohin nachzudenken, sondern eine Maschine, die man nach Belieben aufzieht oder abstellt. Sie vergessen in dieser Kopie stehender Heere ganz, daß wir nicht Jahre vor uns haben, um dem Soldaten die Form zur zweiten Natur zu machen und daß wir daher an den Geist und den Verstand apelliren müssen, durch welche die mangelhafte Form besiegt wird. Es sollte daher stetsfort Absicht des Unterrichtenden sein, über den Zweck der vor=zunehmenden Uebungen seine Schüler aufzuklären und ihnen auseinanderzusetzen, so kurz und faßlich als möglich, warum man gerade diesen Zweck auf diese Weise zu erreichen bemüht ist. Um zu einem solchen Unterrichte befähigt zu sein, genügt es nun freilich nicht, die Reglemente auswendig zu lernen und in der dort gegebenen Reihenfolge jede Uebung vor=zunehmen, sondern man wird gezwungen, in die Substanz der Sache einzudringen, und den Gedanken, den innern Kern von der Hülle zu schälen. Es wird sich dann jeweilen zeigen, ob ein Offizier oder Unteroffizier dieser geistigen Arbeit, zu welcher die Anleitung nicht fehlen soll und wird, fähig ist oder nicht; im letztern Falle wird er kaum im Stande sein, seine Stelle mit Erfolg zu versehen, und wird man gut thun, weitere Avancements nicht eintreten zu lassen. Man wird auch auf diese Weise den besten Maßstab der individuellen Fähigkeiten erhalten und mit um so größerer Sicherheit gute Wahlen treffen können.

Eng verflochten mit dem Unterricht ist die Frage der

Wahl der Vorgesetzten.

Bis jetzt wurde jede Ernennung von oben herab vorgenommen, ohne daß Untergebene oder Kameraden eine berathende oder beschließende Stimme gehabt hätten. Wir sehen auch alle Gefahren ein, welche in absolutem Wahlrecht der Untergebenen gegenüber ihren Vorgesetzten liegen würde, und glauben auch nicht, daß wir uns leichten Herzens und bedingungslos auf dieses Terrain begeben könnten. Immerhin aber sind wir der Meinung, eine etwas demokratischere Einrichtung könnte der Armee nicht schaden und würde auch der Disziplin keinen Abbruch thun. Es herrscht, und dieß ist durchaus nicht abzuläugnen, unter den Soldaten, sowie auch unter den Offizieren und Unteroffizieren eines jeden Korps, ein ziemlich richtiges, selten getäuschtes Urtheil über den Werth oder Unwerth eines Kameraden; ein Urtheil, das viel seltener gemacht werden kann, als der Eindruck, den ein Vorgesetzter, dem man zu Gefallen lebt, gewinnt. Wir glauben daher, es sei ein gewisses Vorschlagsrecht für je die obere Charge allen denen einzuräumen, welche zunächst der vakanten Stelle stehen, so z. B. würden die Soldaten Vorschläge nach geheimer Abstimmung machen können für die Unteroffiziers=chargen, diese für die Lieutenants, die versammelten Lieutenants

für die Hauptleute ꝛc., Vorschläge, von denen die wählende
Behörde nur ausnahmsweise und bei zwingenden Gründen
Umgang nehmen könnte.

Ein ähnlicher Modus läßt sich auch bei den höhern
Chargen durchführen, wobei dann je die betreffenden Offiziere
des Korps-, Brigade- oder Divisionsverbandes das Vorschlagsrecht ausüben würden. Alle diese Wahlvorschläge würden
durch geheime Abstimmung gemacht.

Es wäre durch eine derartige Einrichtung zehn gegen
eins zu wetten, daß gewöhnlich der Würdigste vorgeschlagen
würde und daß Nebenrücksichten, finanzieller oder politischer
Natur, nicht mehr den Antheil an Offizierswahlen haben
könnten, den sie leider bis heute noch vielerorts in hohem
Maße besitzen.

Auf solche Weise gewählte Offiziere, die wissen, daß das
Zutrauen und die Achtung ihrer Untergebenen sich auf eine
gesetzliche Weise bei der Wahl hat manifestiren können, finden
in diesem Bewußtsein eine gewisse Stütze, welche sie ihre
oft schwierige Aufgabe leichter überwinden läßt. Ihre Untergebenen werden ihnen hinwieder mit größerem Zutrauen
begegnen, weil ihrer Stimme und ihren Wünschen bei der
Wahl Gehör geschenkt worden ist.

Gegenseitige Achtung, gegenseitiges Zutrauen, in Folge
dessen Ordnung und Disziplin, könnten nur gewinnen, und
ein edler Wetteifer würde Alle begeistern.

Unterrichtsdauer.

Wie viel Zeit haben wir auf den Unterricht zu verwenden? Diese Frage läßt sich nicht anders richtig beantworten, als daß der Unterricht so lange zu dauern hat, bis
der Milizpflichtige eine seiner Aufgabe entsprechende Ausbildung

erhalten hat. Für viele Rekruten werden vielleicht 4—5 Wochen genügen, für viele andere aber nicht. Es muß daher ein Minimum von Kenntnissen festgesetzt werden, welche ein Rekrut erlangt haben soll, bevor er seinem Korps zugetheilt werden kann.

Es ist unter günstigen Umständen möglich, die Anfangs= gründe einem Infanterierekruten in fünf Wochen beizubringen, wenn derselbe einen klaren Kopf und gelenke Glieder mitbringt. Ein großes Gewicht ist auf den Schießunterricht zu legen, und soll jeder Soldat wenigstens mehrere Tage im Scharfschießen auf dem Exerzirfelde und auf wechselndem Terrain geübt werden. Je 40 oder 50 Patronen in einem Tage zu ver= schießen, dabei lernt kein Mensch, der es nicht sonst schon kann, seine Waffe in der Ordnung handhaben. Die Hauptsache ist doch, weiß Gott, daß er sein Gewehr mit Nutzen anwenden kann, und nicht nur dasselbe zu schultern und bei Fuß zu nehmen weiß, sonst pfeifen wir auf alle Repetirgewehre.

Die Dauer des Rekrutenunterrichts bei der Kavallerie, der Artillerie und dem Genie kann keinesfalls verringert werden, und wird man auch da ein gewisses Minimum von Kenntnissen von jedem aus dem Rekrutenunterricht zu Ent= lassenden verlangen müssen.

Diejenigen, welche dieses Minimum nicht erzielen, sollen die nächste Rekrutenschule der gleichen Waffe besuchen, falls sie nicht als überhaupt untauglich zu derselben erklärt worden sind.

Um das in der Rekrutenschule Gelernte immer hübsch im Gedächtnisse zu behalten und die Organisation des Korps möglichst zu konsolidiren, finden für den Auszug jährlich wenigstens 14tägige Uebungen statt, und zwar für alle Waffen. Kürzere Wiederholungskurse scheinen uns überhaupt von zweifel= haftem Nutzen; kann man endlich nach den ersten Tagen der Unordnung und Organisation mit Vortheil vorwärts arbeiten, so geht die Geschichte wieder anseinander. Diese Uebungen sollen im Brigadeverband stattfinden.

Alle zwei Jahre folgen Divisionsmanöver mit vereinigten Waffen, an denen auch je die betreffende Spezialwaffenreserve theilnimmt. Je das vierte Jahr wird die ganze Felddivision von 20,000 Mann besammelt, mit obiger Reserve 22,000 Mann. Außerdem wird die Reserve je das zweite Jahr Wiederholungskurse auch von 14 Tagen im Brigadeverbande abzuhalten haben. Die Landwehr wird alle zwei Jahre für wenigstens 8 Tage brigadenweise besammelt.

Die Reduzirungen und Verstümmlungen bei Truppen= zusammenzügen von Bataillonen zu Halbbataillonen, und Auf= blähungen von Halbbrigaden zu Armeekorps, wie es bis jetzt so sehr beliebt war, wird gänzlich verpönt. Es dient dieß nur dazu, die Begriffe zu verwirren.

Wir legen außerordentlich großes Gewicht auf die Truppen= zusammenzüge. Sie bieten die einzige Gelegenheit, höhere Offiziere zu bilden, und geben allein ein annähernd richtiges Bild des Kriegsdienstes. Sie dienen übrigens in eben so hohem Grade zur Ausbildung der Truppenoffiziere und Sol= daten und sind der nicht zu umgehende Schlußstein allen mili= tärischen Unterrichts. Ihre Dauer darf daher auch nicht zu kurz sein. Man muß während derselben auch Zeit haben, zu sich selbst zu kommen und nachzudenken. Es darf nicht nur wie bis dato eine tolle Jagerei sein, wo Ordre, Contreordre und Desordre die tägliche Losung ist.

Wir sehen in Gedanken schon eine Menge Leute das Haupt schütteln und nachrechnen, welch' gräßliche Kosten diese Uebungen alle verursachen werden. Ja freilich, das wird kaum ausbleiben, allein alles Geld, welches wir für Waffen, Muni= tion 2c. ausgeben, ist rein und absolut zum Fenster hinaus geworfen, falls wir nicht auch noch die nöthigen Mittel be= willigen wollen, um aus unsern Milizen auch wirkliche Sol=

4

baten zu machen und aus unsern Offizieren Truppenführer, die ihren Beruf nicht erst vor dem Feinde erlernen sollen. Da heißt es eben aut aut.

Ist übrigens all' das Geld und alle die Arbeitszeit so gänzlich verloren? Wir glauben nein. Die militärischen Exerzitien sind richtig und mit Methode angewendet, gegentheils ein ausgezeichnetes Geist und Körper stärkendes Bildungsmittel. Eine gewisse Steigerung der Arbeitskraft beim Einzelnen durch die systematische gymnastische Ausbildung ist unzweifelhaft und statistisch nachgewiesen worden, und verweisen wir in dieser Hinsicht auf die Publikationen des Professor Förster im „Ausland", über die Steigerung der Produktionskraft durch die allgemeine Wehrpflicht. Derselbe weist unwiederleglich nach, daß bis zu einem gewissen Zeitpunkte, in der Auffassungskraft und in der Raschheit der Ausführung des erhaltenen Bewegungsbefehles beim Rekruten, eine stetige Zunahme nachgewiesen werden konnte; dieß beweist eine durch Uebung erworbene vollständige Beherrschung der Nerven- und Muskelthätigkeit, somit größere Leistungsfähigkeit. Wir begnügen uns, diese Seite der Frage nur anzudeuten.

Außer den Rekrutenschulen, Wiederholungskursen und größern Manövern des Korps, finden natürlich Spezialschulen und Wiederholungskurse für Offiziere der verschiedenen Waffen und Grade statt, in welchen dieselben den höhern theoretischen und praktischen Unterricht genießen, der sie zur erfolgreichen Erfüllung ihrer Obliegenheiten befähigt. Wir würden zu weit gehen, hier Alles anzuführen, was angestrebt werden muß. Rücksichten der Gerechtigkeit gebieten, eine möglichste Gleichheit in der Dauer der jährlichen Inanspruchnahme unter den Offizieren festzuhalten, und ebensowenig immer die gleichen einzuberufen, als andere oft Jahre lang unthätig zu belassen. Bei den Stabsoffizieren machen sich diese Uebelstände oft in hohem Maße fühlbar. Durch die Einführung der Territorial-

Eintheilung und Zutheilung dieser Offiziere in die Brigade-
und Divisionsstäbe ergibt sich indessen dann ganz von selbst
eine zweckentsprechendere Verwendung.

Wir schließen diese Auseinandersetzung mit der Hin-
weisung, daß die Erfolge der preußischen Waffen zum besten
Theile der hohen wissenschaftlichen Bildung der Führer dieser
Armee zuzuschreiben sind, welche die Kriegführung nicht nur
als eine Kunst betrachteten, sondern daraus eine eigentliche
Wissenschaft zu gestalten wußten. Suchen wir dieses Streben
auch in unserem Heere zu wecken, und seien wir gewiß, daß
der höhere Geist es ist, der die rohen Kräfte der Materie
seinen Zwecken dienstbar macht.

Sold und Verpflegung.

Wir haben zuletzt von dem Unterricht gesprochen, und
die Leser werden gesehen haben, daß derselbe auf diese Weise
etwas länger dauern würde als früher. Es ist diese Vermehrung indeß absolut geboten, wenn wir mit den Fortschritten
der umliegenden Staaten auch nur einigermaßen Schritt halten
wollen. Letztes Jahr wurden mit den vier an der Grenze
gelegenen Divisionen keine vereinigten Manöver vorgenommen,
weil man behauptete, die Truppen seien nicht auf derjenigen
Stufe der Ausbildung gewesen, um mit Vortheil derartige
Bewegungen ausführen zu können. Es ist dieß ein Fingerzeig,
daß unsere Truppen mit der bis jetzt aufgewendeten Unterrichtszeit nicht genügende kriegerische Kenntnisse erlangen, und
muß daher dafür gesorgt werden, daß diese Lücken ausgefüllt
werden.

Es wird aber dadurch dem einzelnen Militäpflichtigen
eine größere Last aufgebürdet als früher, indem der Soldat
der Infanterie z. B. mindestens 19 bis 20 Wochen Dienst,

während seiner Dienstdauer als Rekrut und im Auszug, 10 Wochen in der Reserve und 6 Wochen in der Landwehr haben wird. Die Spezialwaffen und die Offiziere und Unteroffiziere verhältnißmäßig mehr.

Dadurch werden die Opfer an Zeit und Einbußen am Verdienst erhöht und den Pflichtigen ein größerer indirekter Schaden zugefügt. Sorgen wir wenigstens dafür, daß der Schaden nicht ein direkter werde, durch die finanziellen Opfer, welche der Einzelne bis dahin während des Dienstes für seinen Unterhalt bringen mußte. Viele, ja die Mehrzahl der Dienst= pflichtigen sind Familienväter, welche als einziges Kapital ihren Verdienst haben und damit ihre Familie durchbringen. Es ist nicht gerecht, wenn der Staat wie bis dahin diese Dienst= pflichtigen zwang, einen Theil ihres Verdienstes für ihren Unterhalt während der Unterrichtszeit zu verwenden. Es ist bewiesen, und daher kommt auch die große Abneigung vieler Bürger gegen das Militär, daß jeder Dienst die Kasse auf eine bedenkliche Weise erleichtert. Um diesen Uebelstand zu vermeiden, gibt es nur ein Mittel, Erhöhung des Soldes und Verbesserung der Verpflegung der Soldaten.

Bei den heutigen Lebens= und Genußmittelpreisen und der irrationellen Zusammensetzung der täglichen Ration ist es gänzlich unmöglich, daß der Soldat mit seinen 50 Ct. Sold, von denen in der Regel für Zulagen in's Ordinäre und Ge= wehr= oder Ausrüstungsreparaturen bis zur Hälfte abgezogen und ihm somit bloß 25 Ct., wenn es gut geht 35 Ct. aus= bezahlt werden, seinen Bedürfnissen genügen kann.

Wenn auch verschiedene auswärtige Armeen nicht höhern oder sogar geringern Sold bezahlen, so darf man nicht ver= gessen, daß Genußmittel, wie Tabak, Kaffee, Wein, Bier und Branntwein, den Soldaten regelmäßig ausgetheilt werden, was bei uns nicht oder nur ausnahmsweise geschieht. Man darf aber außerdem auch nicht vergessen, daß dieses Spar=

ſyſtem in den auswärtigen Armeen außerordentliche Opfer
an Menſchenleben ſchon in Friedenszeiten erfordert und daß
die Sterblichkeit in den Armeen weit die Sterblichkeit der
Civilbevölkerung überſchreitet. Was man daher auf der einen
Seite an Geld erſpart, gibt man auf der andern drei bis
vier Mal an Menſchenleben aus.

Die Amerikaner ſo wie die Engländer machen in dieſer
Beziehung eine Ausnahme. Ihre Truppen ſind gut bezahlt
und reichlich verpflegt, auch ſind die ſanitariſchen Ergebniſſe
ausnahmsweiſe günſtige. In Amerika z. B. während des
Secceſionskrieges betrug die Beſoldung eines Soldaten 13
Dollars per Monat, gleich 65 Franken, das macht beinahe
2½ Fr. per Tag. Soldaten der Spezialwaffen hatten bis
17 Dollars per Monat. Die Unteroffiziere bezogen 15 bis
21 Dollars, alſo über 100 Fr. monatlich. Außerdem betrug
die tägliche Ration: ¾ Pfd. Schweinefleiſch oder Speck, oder
1 Pfd. Ochſenfleiſch, friſch oder geſalzen; circa 1¼ Pfd. Brod
oder Mehl, oder 1 Pfd. Zwieback; ⅓ Pfd. Kartoffeln, dann
auf 100 Rationen wurden ferner abgegeben: 10 Pfd. Bohnen
oder Reis, 10 Pfd. Kaffee oder 1½ Pfd. Thee, 15 Pfd.
Zucker, 4 Viertel Salz, 4 Viertel Eſſig, 4 Pfd. Seife und
1½ Pfd. Kerzen.

Ein einzeln reiſender Soldat, der nicht in Natura faſſen
konnte, erhielt dafür 75 Cents per Tag in Geld, gleich Fr.
3. 75. Sonſt war der Preis der Mundportion, der an die
Offiziere vergütet wurde, 30 Cents, gleich Fr. 1. 50.

Spirituoſen wurden keine verabreicht; das Laſter der
Trunkenheit war in der amerikaniſchen Armee ſo verbreitet,
daß man demſelben nicht noch mehr Nahrung verſchaffen zu
müſſen glaubte.

Unſere Beſoldung beträgt wie geſagt 50 Ct., alſo 15 Fr.
monatlich und die Ration beſteht aus ⅝ Pfd. Fleiſch, im
Felde neuerdings 1 Pfd. Fleiſch und 1½ Pfd. Brod. Von

Kaffee, Thee, Zucker oder andern schönen dergleichen Sachen keine Spur, eben so wenig von Seife, obwohl z. B. gerade dieser Artikel oft höchst nöthig wäre.

Wir sehen aus dieser Vergleichung, daß dort für die Bedürfnisse der Soldaten reichlich gesorgt war und daß dennoch eine hohe Besoldung bezahlt wurde, während bei uns in beiden Fällen das gerade Gegentheil stattfindet.

Wollen wir daher in dieser Sache auf einen andern Fuß gelangen, so müssen wir den Grundsatz verlassen, daß die Hauptsache sei, daß der Soldat den Staat recht wenig koste, sondern der Staat muß dafür sorgen, daß der Soldat auf eine Weise unterhalten werde, daß alle seine berechtigten Bedürfnisse auf entsprechende Weise befriedigt werden. Nur in diesem Falle wird man kräftige und muthige Soldaten erhalten, welche allen Strapazen glücklich widerstehen können. Nur in diesem Falle tragen auch Alle in gleicher Weise und nach Maßgabe ihrer Kräfte mit zur Stärkung unserer Militärmacht und damit zur Vertheidigung unseres Vaterlandes bei.

Wir wünschen daher Erhöhung des Minimums des Soldes der Soldaten von 50 Ct. auf wenigstens 1 Fr. und die Bestimmung, daß die Verpflegung gänzlich vom Staate übernommen und keinerlei Abzug hiefür dem Soldaten an seinem Solde zu machen sei. Die Verpflegung soll endlich so zusammengesetzt sein, daß Nahrungs= und Genußmittel in richtiger Folge abwechseln und dadurch die Gesundheit des Einzelnen vor empfindlichen Schädigungen bewahrt bleibe.

Die Bedingungen der Armee=Verpflegung.

Es genügt nicht, der Armee eine reichliche Verpflegung zukommen zu lassen, es muß auch dafür gesorgt werden, daß dieselbe jederzeit und unter allen Umständen gesichert sei. Da

steht es denn mit unsern bisherigen Einrichtungen hiefür recht
traurig, und kann die Eidgenossenschaft sagen, wie der be=
kannte fechtende Handwerksbursche, „ich hab' meine Sach' auf
nichts gestellt." Der Welti'sche Entwurf einer Militär=
organisation bringt über diesen Gegenstand ebenfalls gerade
so viel wie nichts, und befand sich der Autor desselben, als
er seinen Entwurf verfaßte, ganz im Unklaren über die Ver=
pflegungsfrage der Armee, indem er absolut nur die Ein=
quartirung berücksichtigte. Es ist indessen außer allem Zweifel,
daß die Verpflegung einer irgend etwas zahlreichen Armee
niemals auf dem Einquartirungswege wird gesichert werden
können. Es bedarf hiezu eigener, zweckentsprechender und um=
fassender Vorkehren. Die Armee muß in sich selbst alle die
Elemente an Personal und Material vereinigen, welche ihren
Bestand sichern. Wir finden aber im Welti'schen Projekte auch
gar keine Spur von irgend welcher Vorsorge in dieser Be=
ziehung, und wenn wir sonst gerne vielen nützlichen und
schönen Gedanken, welche dasselbe enthält, gefolgt sind, so
müssen wir in diesem Punkte dasselbe als absolut unzu=
länglich bezeichnen. Ja es geht sogar so weit, einzelne Rudi=
mente von Verwaltungstruppen, welche sich in der Armee
befinden, gänzlich abzuschaffen, weil solche doch zu wenig
zahlreich seien, um dem Bedürfnisse zu entsprechen (Seite 37),
nur um die Zahl der Gewehrtragenden zu vermehren. In
unsern Augen eine unbegreifliche Logik. Natürlicher wäre es
doch gewiß, die betreffenden Stellen dem Bedürfnisse gemäß
zu vermehren. Aber man kommt eben zu solchen Irrthümern,
wenn man nur recht viele direkt Kämpfende haben will, und
gänzlich versäumt, deren Zusammenhalt und deren Existenz
zu sichern. Es vergessen aber die Herren Kriegsobersten zu
leicht, daß es nicht genügt, die Leute in Reih und Glied zu
stellen, um marschiren, kämpfen und siegen zu können, und
daß alle diese Leute und Pferde nicht von Luft und Liebe

leben, sondern daß sie auch gegessen, und zwar mit gutem Appetit und viel gegessen haben wollen.

Es ist freilich außerordentlich bequem, sich mit souveräner Verachtung über diese Existenzlappalien hinwegzusetzen und von Mensch und Vieh Unmögliches zu verlangen. Wie jede Dummheit, trägt auch diese ihre Strafe in sich: Unordnung, Ungehorsam und Zerrüttung der Armee sind die nächste unausbleibliche Folge, und die Natur rächt sich sofort an der Gewalt, die man ihr hat anthun wollen. Vide Exempel an der Bourbaki'schen Armee.

Bei unsern Truppen hat auch während der letzten Grenzbesetzung die Verpflegung viel zu wünschen übrig gelassen, besonders während den Bewegungen Ende Januar und Anfangs Februar. Wie würde erst die Sache ausgesehen haben bei eigentlichen kriegerischen Komplikationen?

Die Eisenbahnen gänzlich außer Stande, auch nur den bescheidensten Ansprüchen zu genügen; das Kommissariat, ohne einen Mann Verwaltungssoldaten und ohne ein einziges Armeefuhrwerk; die Lieferanten nicht im Stande, aus gleichen Gründen, ihre Lieferungen auszuführen und rechtzeitig Lebensmittel in die am meisten bedürftigen vordersten Linien zu werfen. Eine gräuliche Konfusion und die betrübendsten Vorfälle wären die unvermeidliche naturnothwendige Folge einer solchen liederlichen Organisation gewesen, und doch verschließt man noch heute konsequent Augen und Ohren und macht keine Anstalten, in bessere Geleise zu kommen. Es ist übrigens auch nicht möglich so lange die Armeeverwaltung auf eine so unglückliche Weise geleitet wird und man aus der obersten Stelle derselben eine Sinekure für aus der Mode gekommene Staatsmänner geschaffen hat. Doch sehen wir uns die Sache ein wenig näher an. Welche Mittel stehen uns zu Gebote zur Verpflegung unserer Truppen? Erstens einmal die Einquartirung, d. h. wir überlassen dem Zufall, dem Reichthum und der Geschicklichkeit der Gemeinden, durch welche die Truppen marschiren oder auch ihren Aufenthalt nehmen, die Sorge für deren Unterhalt. Dafür erhalten die Gemeinden, resp. deren Bürger, 1 Fr. per Tag per Mann. Daß zu diesem Preis Niemand einen Soldaten auch nur nothdürftig unterhalten kann, bedarf keines Beweises. Es muß also entweder der Bürger aus seinem Sack das Fehlende zulegen, wenn er es besitzt, oder der Mann erhält eben nicht einmal das Nothdürftige. Aber wie? wenn durch Anhäufung von vielen Mannschaften in kleinen Räumen die Lebensmittel so rasch verzehrt werden, daß die ordentlichen Zufuhren nicht mehr genügen, wie wir dieses in einigen Gegenden von Waadt und Neuenburg in den ersten Tagen dieses Februar gesehen haben. In diesem Falle werden alle Geldmittel und alle Geschicklichkeit nichts abtragen, denn wo nichts ist, ist auch nichts zu haben.

Zweitens haben wir die Naturalverpflegung. Die Truppen erhalten Fleisch und Brod durch Lieferanten geliefert; für Zugemüse 2c. sorgen sie selbst. Bietet etwa diese Methode irgend welche Garantie? O ja, gewiß, hören wir schon einen ganzen Chorus ausrufen; Lieferanten müssen sein, das ist das Beste und Billigste. Die Lieferanten, welche ihren Verträgen nicht nachkommen können oder wollen, für die hat man die Konventionalstrafe und Bürgen, das ist ausgezeichnet. Da muß wohl einer daran glauben. Diesen guten Leuten antworte ich, was einer der berühmtesten Schriftsteller über die Militärverwaltung sagt. Ein Mann, der sein ganzes Leben lang in diesem Fache gearbeitet und mehrere Feldzüge mitgemacht hat. Nur schade, daß er auch in seinem Vaterlande nicht Prophet war und seinen Worten nicht gefolgt wurde. Derselbe sagt: Bei einer Armee im Felde ist für die Verpflegung einzig und allein der Regieweg zu wählen.

Die Verpflegung durch Lieferanten ist stets schlecht gemacht und immer zu theuer. Glaubt man denn vielleicht, daß reiche

Kapitalisten und Unternehmer, welche allein im Stande wären, ein so gefährliches und beschwerliches Unternehmen einigermaßen glücklich zu überwinden in dieser so jedem Glücks= und Zufall unterworfenen Spekulation, ihr Vermögen, ihren Kredit und den guten Namen ihres Hauses, das Glück und die Zukunft ihrer Familie auf's Spiel setzen zu wollen. Nein, gewiß nicht! Man wird sich also begnügen müssen, Abenteurer anzunehmen, welche der hohe in Aussicht gestellte Gewinn lockt. Leute, welche die Gemüthsbewegungen eines hohen Spieles lieben und hoffen, durch einen glücklichen Handstreich ihre zerrütteten Geschäfte wieder zu heben. Was wird aber die Verwaltung, was die Truppen dabei gewonnen haben. Der Verpflegungsdienst wird nur auf den Punkten gemacht werden, welche unter den Augen der Führer sind, oder wo die Armee durch ihre Siege oder ihr Auftreten den Abschluß der Geschäfte und die Zufuhren des Lieferanten sichert, oder wo sie durch Requisitionen dem Lieferanten neue Quellen eröffnet, welche seinen Geschäften Impuls verleihen und zu neuem Gewinn Anlaß verschaffen. Und wie? Sind die Handels= verhältnisse in Kriegszeiten derart, daß man mit Sicherheit auf Eintreffen der Zusendungen rechnen kann, wenn sie nicht durch den bewaffneten Arm der Armee geschützt werden.

Und endlich wäre der Unternehmer auch ein ehrlicher Mann, so sind die Aussichten seiner Lieferung für eine Armee im Felde immer so mannigfach und schwierig, daß er ein volles Recht hat, den höchsten Preis zu fordern. Immerhin kann es Umstände geben, daß diese Preise, und wären sie noch so hoch, nicht genügen. In diesem Falle wird auch der finanzielle Ruin des Unternehmers und seiner Bürgen die Armeeverwaltung nicht vor dem Verluste aller Vortheile schützen, welche sie sich von dem Vertrage versprochen hat. Wenn aber im Gegentheil diese Schwierigkeiten nicht eintreffen, wenn eine Ernte z. B. die Befürchtungen, welche man hegte, zu nichte macht, so bezahlt man horente Preise für Käufe, welche der Staat besser und billiger im Laufe der Zeit zum Marktpreise durch seine eigenen Agenten hätte besorgen lassen können.

Dem gegenüber übernimmt beim Regiewege die Verwaltung alle guten und schlechten Chancen der Zeitverhältnisse und militärischer und politischer Einflüsse des Feldzuges. Sie zieht allen Nutzen aus den guten, und trägt auch mit die Schwierigkeiten, welche die schlechten ausüben. Die Sorgen, welche ihre Beamten tragen, die Mühseligkeiten, welche sie überwinden, Talent und Wissen, welche sie anwenden, alles dieses ist zum direkten Vortheil des Staates und der Armee. Sie dienen nicht einer mit Staatsgeldern gewagten Privatspekulation. Diese Situation hat den großen Vortheil, sie ist einzig wahr und aufrichtig, und ist in Allem das was sie sein soll, im Guten wie im Bösen.

Die Erfahrungen, welche wir letztes und dieses Jahr zu machen Gelegenheit hatten, bestätigen Alles, was wir hier citirten. Ja noch mehr, Lieferanten selbst, tüchtige, gewissenhafte, Tag und Nacht ohne Ruhe und Rast arbeitende Lieferanten, welche unserer Armee gute Dienste geleistet haben, versicherten uns dieser Tage, daß sie sich nunmehr auch überzeugt hätten, daß dieses System auf Truppen im Felde ohne große Uebelstände nicht anwendbar sei.

Sehen wir übrigens in Preußen, in der Hauptsache wird stets und immer bei der Verpflegung der Regieweg angewendet. Lesen wir deutsche Fach-Schriftsteller, so sind auch sie einig, nur auf diesem Wege für eine Armee im Felde Heil zu erwarten.

Es wird freilich viel davon abhangen, wie man die Sache angreift, ob man auch ganze und rechte Männer an die Spitze dieser Geschäfte stellt. Nicht Bureaukraten, welche vom Technischen der Sache nichts verstehen, sondern tüchtige und praktische Gewerbsmänner, welche sonst mit Glück und Erfolg derartige Unternehmungen auf eigene Rechnung betreiben. Sie sind ja auch militärpflichtig, stelle man sie an als Dirigenten von Militärschlächtereien und Militärbäckereien, und nehme aus der Armee Bäcker, Metzger ꝛc. als ihre Gesellen; sie werden der Armee mit ihrer Arbeit so viel, wenn nicht noch weit mehr nützen, als wenn sie in Reih und Glied fechten. Unterwerfe man diese Soldaten-Arbeiter militärischer Zucht und Ordnung, schaffe ihnen das nöthige Handwerkzeug und Transportmittel an, übe sie abwechslungsweise in den Waffen, damit sie dem Convois mit Erfolg als Escorte dienen können. Dann steht die Armee auf eigenen Füßen und kann keck und mit Zuversicht allen Chancen eines Feldzuges entgegensehen. Diese Arbeiterabtheilungen reihen wir ein in die Verwaltungstruppen, welche wir vorgesehen in einem unserer ersten Artikel, und welche das Projekt Welti gänzlich vergessen hat.

Militär-Transporte.

Für eine Armee im Felde ist die Frage der Transporte die erste und wichtigste Lebensfrage. Nur gut eingerichtete Transporte ermöglichen eine glückliche Offensive und lassen aus der Defensive Vortheile erzielen. Dennoch gibt es in unserm Militärwesen kaum einen Dienstzweig, welcher auf eine so unverantwortliche Weise vernachlässigt worden ist, wie die Organisation der Militätransporte. Auch das Welti'sche Projekt nimmt nur einen schwachen Anlauf, dieses ungebornen Kindleins zu genesen. Es werden dort nur die Eisenbahntransporte berücksichtigt, für alle übrigen Transporte, welche die eigentlichen Lebensadern der Armee sind, ist in keiner Weise vorgesorgt, man wolle denn den § 159 ausnehmen, welcher bestimmt, daß die Gemeinden alle reglementarischen Fuhrleistungen gegen Entschädigung zu leisten haben. Es nimmt sich dieser Satz ungefähr so aus, als wenn man sagen wollte, die Gemeinden müssen Pferde und Wagen geben, obgleich sie keine haben. Es ist dieses eine absurde Ein= richtung, welche alle Erfahrung gegen sich hat, und jeden Armeekörper in seinen Bewegungen gänzlich von lokalen Ein= flüssen abhängig macht, während doch gegentheils jede Armee zur glücklichen Erfüllung ihrer Aufgabe möglichst unabhängig von lokalen Verhältnissen gestellt werden muß. Alle Be= wegungen müssen rasch und unvorhergesehen eintreten können, man muß den Feind mit Märschen überraschen, welche er nicht möglich glaubt, man muß ihm überall zuvorkommen, sich ausbreiten und konzentriren können nach Belieben. Alles dieses ist unmöglich, absolut unmöglich, wenn nicht ein gut organisirtes Armeefuhrwesen dem General zu Gebote steht und die Verwaltung für jeden Marsch tagtäglich Fuhrwerke einmiethen und requiriren soll.

Wir haben daher in unserer Aufstellung bereits auf eine derartige Einrichtung Bedacht genommen, und die Munitions=, Gepäcks= und Lebensmittelfuhrwerke der Korps mit Armee= pferden bespannt, ferner Munitions= und Lebensmittelkolonnen vorgesehen, welche in gleicher Weise durch Armeepferde ge= zogen sind. Nur in außerordentlichen Fällen, bei Vorspann, Abgang u. s. w., tritt Requisition ein, und zwar in letzterm Falle durch definitiven Ankauf nach den Grundsätzen, welche wir bereits erörtert haben.

Die Transporte haben zu spediren: Mannschaften, Pferde, Kriegsfuhrwerke, Munition, Lebensmittel, Ausrüstungsgegen= stände, und zerfallen in Eisenbahn= und Fuhrwerktransporte. Beide verlangen eine kriegsmäßige Organisation, um nützliche Dienste leisten zu können, und lassen sich weder die einen noch die andern bei einem Kriegsausbruche improvisiren. Wie wenig unsere Eisenbahnen gegenwärtig im Stande sind, die Aufgabe militärischer Transporte von irgend welcher Bedeutung mit Glück zu lösen, besonders die traurigen Westbahnen, dieß haben die letzten Ereignisse deutlich genug bewiesen. Man wird auch diesen Uebelständen nicht abhelfen, wenn man schon einen militärischen Eisenbahndirektor ernennt und in's Hauptquartier beruft; denn nur ein Mann ist doch kaum im Stande, ohne irgend Personal oder Material in das Chaos Ordnung zu bringen. Auch war die Stellung des Eisenbahndirektors eine ganz falsche. Derselbe soll nicht, wie es war, birekt unter dem Stabschef stehen, sondern er ist Sektionschef einer Abtheilung des Armeekriegskommissariates, wie dieß auch in andern Armeen, z. B. der preußischen, der Fall ist. Kompetenzkonflikte und Unregelmäßigkeiten im Dienste sind die natürliche Folge einer unnatürlichen Organisation, wie wir sie heute haben.

Seiner Natur nach zerfällt der Eisenbahndienst bei einer Armee in zwei besondere Zweige: 1) der Baudienst, nämlich Herstellung und Zerstörung von Eisenbahnstrecken, Erbauung von Rampen, Uebergängen 2c., 2) der Betriebsdienst, Aufsicht über die fahrbaren Strecken, Fahrmaterial und Personal. Die erste Abtheilung gehört naturgemäß zum Genie, und sind spezielle Eisenbahnarbeiterkompagnien zu errichten, welche sich aus dem Personal der Eisenbahngesellschaften rekrutiren und die in Friedensübungen vereinigt und organisirt werden. Diese Eisenbahnarbeiterkompagnien stehen unter dem Geniekommando und werden durch solches verwendet wo man sie braucht.

Ein Theil der Eisenbahnangestellten genügen ihrer Militärpflicht in diesen Korps. Die andere Abtheilung, der Betriebsdienst, rekrutirt sich aus dem Betriebs= und Fahrpersonal der Eisenbahnen und steht unter deren Armeeverwaltung. Es sind die Angestellten verpflichtet, einen ge=

wissen Militärdienst mitzumachen, um über das Spezielle der
Militärtransporte, Militärorganisation rc. Unterricht zu er=
halten. Die Bahnhofchefs, Zugführer und das Betriebsmaterial
treten bei Truppenaufstellungen in den Dienst der Eidgenossen=
schaft über und werden von derselben besoldet und verpflegt.
Sie sind der militärischen Diszplin und den Militärgesetzen
unterworfen.

Die finanzielle Seite der Frage bildet den Gegenstand
der Verständigung mit den Eisenbahngesellschaften, am besten
und zweckentsprechendsten wäre freilich Rückkauf der Eisen=
bahnen, so lange aber dieß nicht erhältlich ist, wird die Ent=
schädigungsfrage nach den bestehenden Gesetzen durch Experten
erledigt.

Fuhrwerk=Transporte.

Die Fuhrwerktransporte erhalten eine durchaus militä=
rische Einrichtung. Was wir bis jetzt in dieser Beziehung
hatten, taugt absolut nichts. Wenn wir übrigens die Wand=
lungen in den Militärtransporten im Laufe der Zeit be=
trachten, so ist die Ausbildung aller militärischen Fuhrwerk=
transporte auf militärischem Fuß einfach eine Frage der Zeit.
Es sind vor kaum 200 Jahren noch alle Kanonen auf dem
Requisitionswege bespannt worden, ja man sieht noch zum
Theil in den napoleonischen Feldzügen, daß die Geschütze
durch die Mannschaften gezogen wurden. Die Brückentrains
wurden bis in die neueste Zeit ebenfalls durch Requisition
bespannt. Die Gepäck=, Munitions= und Lebensmitteltrans=
porte gleichfalls. Es hat sich aber gezeigt, daß diese Trans=
portweise im Kriege absolut im Stiche läßt, besonders heute,
wo die Armeen viel größer sind als früher, und durch die
Eisenbahnen eine größere Beweglichkeit erhalten und wieder

bedingt wird. Wenn nun auch durch die Eisenbahnen ein großer Theil der Transporte übernommen werden kann, so können sich solche doch nur auf Linien im Rücken der Armee bewegen, welche entweder mehr oder weniger senkrecht auf die Front der Armee gehen oder solcher parallel laufen.

Die Verbindung der Armee selbst und besonders ihrer vordersten Spitzen muß immer die Vermittlung der Fuhrwerke benutzen, um sich der Eisenbahnlinie bedienen zu können. Die Eisenbahnen werden überhaupt nur dann im Stande sein, nützliche Dienste zu leisten, wenn ein wohlorganisirtes Fuhrwesen die Räumung der Bahnhöfe und Haltstellen ermöglicht und die beigeführten Vorräthe rasch der Armee überbringt. Die Hauptschwierigkeit aller militärischen Transporte liegt in der Versorgung der aktiven Heerestheile, d. h. also der Vorhut und des Centrums. Die nachrückenden Heerestheile haben nur dann Schwierigkeiten, wenn die Versorgung vorn schlecht geht und alle Hülfsmittel auf der Route aufgezehrt werden. In der Regel aber sind sie, weil der Basis und den Magazinen am nächsten, am leichtesten zu versorgen.

Eine Armee braucht eine Masse Gegenstände, um überhaupt das Feld halten zu können. Dieses Bedürfniß wird nicht gehoben, wenn man es ignorirt, wie viele Leute meinen. Was soll all das Geschleif? wird da gesagt. Lange Parks sind der Armee nur im Wege und erschweren deren Bewegungen. Sie rauben der Armee Platz und Raum und verhindern sie, rasch zu operiren u. s. f. Diese Schwierigkeiten wähnen nunmehr die gleichen Schlaumeier zu überwinden, wenn sie keine Fuhrparks haben, oder doch deren Bildung möglichst erschweren; bringen aber selbst Koffer und Kisten mit in's Feld, daß manche Frau, die in die Wochen kömmt, Sachen genug daran haben würde.

Es mahnen uns diese Leute an den Vogel Strauß, der den Kopf in den Sand steckt. Wenn man der Schwierigkeit aus dem Wege geht, oder mit Gemeinplätzen aufwartet, wird man nie deren Ueberwindung erreichen. Es ist übrigens gut, daß die Sache so ist, wie sie ist, und daß das Heeresbedürfniß die Pläne der Feldherren oft zu Schanden macht, es ist damit dafür gesorgt, daß die Bäume nicht in den Himmel wachsen.

In der Hauptsache sind zu spediren: Munition und Korpsausrüstungen, also Caissons, Fourgons und Rüstwagen; Gepäck der Offiziere und Kranken, dann die Kranken selbst und deren Besorgungspersonal, sowie Lebensmittel für Menschen und Thiere. Das Welti'sche Projekt bespannt nur die Caissons mit Armeepferden, die Fourgons und Gepäckwagen mit Requisitionspferden, sieht überhaupt viel zu wenig Wagen und Pferde vor. Lebensmittelwagen sind gar keine vorgesehen. Wir brauchen kaum zu sagen, daß eine solche Einrichtung gänzlich unzulänglich ist und daß gute Resultate nicht erzielt werden können. Es sah sich auch der Bundesrath letzten Herbst genöthigt, die Kantone aufzufordern, ihren Bataillonen einige bespannte Wagen mitzugeben, von denen wir indessen keinen einzigen gesehen haben, der zweckmäßig eingerichtet gewesen wäre.

Es muß da eine andere Ordnung Platz greifen. Jedes Korps erhält an bespannten Wagen, von seinem Sammelplatze aus, Alles was es nöthig hat. Dort wird immer dafür gesorgt, und regelmäßige Inspektionen überzeugen sich davon, daß die Wagen wohl ausgerüstet mit allem Nöthigen und Zweckdienlichen bereit gehalten werden und verfügbar sind. Die Korpschefs haben hiefür die nöthige Kompetenz und Verantwortlichkeit. Bei jedem Korps sind berittene Unteroffiziere, welche den Dienst der Trainmannschaften kommandiren. An Gepäck darf jeder Offizier, weß Grades er auch sei, höchstens 50 Pfund mitführen; die bisherigen Bestimmungen sind geradezu lächerlich. Die Koffer müssen eine einheitliche Größe und Gestalt haben, um leichter verpackt und beaufsichtigt werden zu können.

Außer den Fuhrwerken des Korps besitzt jede Division noch Divisionsparks, zu welchen einmal die für die Stäbe und Ambulancen nöthigen Fourgons und Wagen gehören, ferner die Munitionscaissons des Divisionsparks, dann die Lebensmittel= und Proviantkolonnen. Die Direktion des sämmtlichen Fuhrwesens, soweit es nicht die Munition betrifft, welche unter dem Artilleriekommando steht, ist Sache des Kriegskommissariates. Bei jeder Division befindet sich hiefür ein Transportchef, und hat derselbe die nöthigen Unterbefehls= haber und Trainmannschaften.

Dem Armeekriegskommissär stehen endlich Wagenkolonnen zur speziellen Verfügung, deren Bestimmung je nach Bedürfniß getroffen wird.

Die Befehle für das gesammte Fuhrwerktransportwesen, soweit es nicht die Artillerie, die Munition, die Ponton= trains 2c. betrifft, gehen vom Armeekommissariate aus, das die betreffenden Weisungen vom General empfängt. Ein Ab= theilungschef desselben ist die Seele dieses Dienstes und gipfeln alle Rapporte 2c. bei demselben.

Es wird dafür gesorgt, daß im Kriegskommissariate Offiziere herangebildet werden, welche die nöthigen Kenntnisse und Fähigkeiten zur Bewältigung dieser Aufgabe besitzen. Wenn übrigens eine sorgfältige, bis in die Details gehende Organisation in Wirklichkeit und nicht nur auf dem Papiere besteht, so läßt sich der Transportdienst so gut dirigiren, wie irgend eine andere Armeeabtheilung. Wir verlangen übrigens in dieser Sache nur, was auch in allen andern Armeen, besonders der preußischen, schon lange besteht. In unserer Berechnung des Pferdebedarfes und der Eintheilung der Mannschaften haben wir auf die militärische Organisation der Transporte Rücksicht genommen und· die nöthigen Zahlen angeführt.

Post= nnd Telegraphendienst.

Eine traurige Figur spielten während der letzten Grenz=
besetzungen der Post= und Telegraphendienst. Wir besitzen
heute noch nichts, was auch nur von Ferne einen regelmäßigen
militärischen Dienst in diesen höchst wichtigen Branchen ermög=
lichen würde. Wir verlassen uns absolut auf den Zufall und
unser Glück, das bekanntlich keinen guten Schweizer verläßt.
Wenn man indessen dieses Glück zu sehr auf die Probe setzt,
so könnte ihm eines Tages die Geduld reißen.

Niemand wird die große Wichtigkeit unterschätzen, welche
ein gut geleiteter Telegraphendienst für die Operationen der
Armee haben wird. Wie oft Glück und Sieg von rechtzeitigen
Nachrichten und rasch erhaltenen Befehlen abhängt. Wie nur,
wenn alle Mittheilungen Schlag auf Schlag und mit Ge=
dankenschnelle erfolgen, die Uebereinstimmung in die Gesammt=
bewegungen der einzelnen Heerestheile gebracht werden kann,
welche zu einer glücklichen Kriegführung geübten Gegnern
gegenüber, absolut nöthig ist.

Allen denjenigen Offizieren, welche im Falle waren, für
Dienstdepeschen den Telegraphen in Anspruch zu nehmen, sind
die Depeschenstöße noch lebhaft im Gedächtniß, welche auf den
verschiedenen Büreaux auf Expedition warteten, und die oft
nicht nur Stunden, sondern Tage warten mußten, bis die
Reihe an sie kam.

Die Telegraphisten arbeiteten mit wahrer Aufopferung,
allein weder ihre Kräfte noch die Leistungen ihrer Linien
waren im Stande, den Anforderungen zu entsprechen. Man
wird daher auf Auswege sinnen müssen, durch welche diesen
Uebelständen abzuhelfen sei. Auch diese Branche zerfällt, wie
der Eisenbahndienst, in zwei Abtheilungen, nämlich den Bau
und die Herstellung von Telegraphenlinien, zu welchen mit
Material, Personal, Pferden und Fuhrwerken ausgerüstete

Telegraphenkompagnien formirt werden müssen, von denen jeder Division eine Sektion zugetheilt wird, und welche unter die Genietruppen zu rechnen sind. Der Betriebsdienst hat Telegraphisten zu seiner Verfügung, welche die Vermittlung der Depeschen besorgen. Diese Abtheilung gehört unserer Ansicht nach zu den Verwaltungstruppen und steht unter dem obersten Kommando des Armeekriegskommissariates, bei welchem ein Abtheilungschef das Technische der Direktion besorgt. Den General-, Divisions- und Brigadestäben werden eine entsprechende Anzahl Telegraphisten zugetheilt. Diese helfen den lokalen Beamten aus und besorgen die ad hoc errichteten Linien- und Feldtelegraphen.

Diese diversen Korps werden schon im Frieden organisirt und eingeübt, und betheiligen sich an den Brigade- und Divisionsübungen. Sie werden aus den Telegraphisten und Angestellten der Telegraphenwerkstätten und geeigneten Arbeitern rekrutirt; dieselben genügen ihrer Militärpflicht in dieser Branche. Es muß daher die Militärorganisation, wo sie von der Wehrpflicht handelt, bestimmen: die Telegraphisten haben ihrer Wehrpflicht in dieser Eigenschaft zu genügen. Die gleiche Bestimmung regelt auch die Eisenbahn- und Postbeamten.

Der Postverkehr der Truppen ist ein sehr bedeutender, und ist es von hoher Wichtigkeit schon für die moralische Haltung derselben, daß die Postverbindung so gut und rasch als möglich geschehe. Unsere Mannschaften haben Familien, die um deren Loos besorgt sind, sie haben Geschäfte, die sie nicht von heute auf morgen ohne schlimme Folgen vernachlässigen oder gänzlich im Stiche lassen können. Sie und ihre Angehörigen haben ein großes Interesse, rasche und regelmäßige Nachrichten zu erhalten. Die militärischen Befehlsstellen haben eine große Menge dienstlicher Mittheilungen zu geben und zu empfangen, welche nur auf dem Postwege zu machen sind.

Letzten Sommer wurde ein kleiner Anlauf genommen, den Postdienst zu organisiren, allein die Sache läßt sich nicht improvisiren und sind bei lebhaften Dislokationen die wenigen Postbeamten ohne irgend Hülfspersonal, Fuhrwerke und Pferde, nicht im Stande, ihre Obliegenheiten zu erfüllen. Es muß dieser Dienst auch im Frieden schon organisirt werden, und sind im Postdienste Leute genug, welche diese Sache mit ausreichenden Kenntnissen an die Hand nehmen können. Es müssen dem Hauptquartier, den Divisions= und Brigadestäben Postbeamte zugetheilt werden, welchen gutbespannte Fourgons zur Verfügung stehen, in denen nöthigenfalls fahrend die Distribution der Briefe und Werthsachen vorgenommen werden kann. Fahrende Postbüreau's.

Die Postbeamten bilden eine selbstständige Sektion der Verwaltungstruppen und stehen unter dem Kommando des Armeekriegskommissärs, sowie der Divisionskriegskommissäre, wie dieß übrigens in allen andern Armeen ebenfalls der Fall ist.

Heerespolizei.

Wie in jedem gut eingerichteten Staate eine Polizei sein muß, welche für die Handhabung der Ordnung und Sicherheit thätig ist, so muß auch jedes Heer bestimmte Organe besitzen, denen die Handhabung der polizeilichen Vorschriften zur speziellen Aufgabe gemacht ist. Jedermann weiß, daß eine Menge Leute von zweifelhaftem Charakter sich den Armee= körpern anschließen, unter allen möglichen Masken und Vor= wänden, welche im trüben Wasser zu fischen gedenken. Es gilt Nachzügler, Ausreißer, Vermißte ausfindig zu machen, schließlich nach Gefechten und Schlachten auf dem Schlacht= felde Beraubungen und Mißhandlungen Verwundeter vorzu= beugen u. s. f., überhaupt ein weites Feld nützlicher Beschäf=

tigung. Wir hatten bis dato keine Mannschaften zu diesen Verrichtungen und gedachte man einen großen Theil derselben durch die Guiden machen zu lassen. Ihnen war bis dato der Polizeidienst zugewiesen. Wir halten diese Verquickung als gänzlich verfehlt. Die Guiden sind für den Ordonnanzdienst bestimmt, und wenn sie denselben gut und in der Ordnung machen, so soll man sie mit der Heerespolizei in Ruhe lassen. Schaffe man für diesen Zweck ein Feldgendarmeriekorps. Es müssen diese Feldgendarmen zuverlässige und kouragirte Männer sein, die den Polizeidienst genau kennen; sie werden vorzugsweise aus den Gendarmeriekorps der Kantone rekrutirt und sind beritten. Sie haben einen Rekrutendienst mitzumachen und an den Divisionsmanövern Theil zu nehmen. Ihre Befehle haben sie vom Generaladjutanten, den Divisions-, resp. Brigadeadjutanten zu empfangen, und bilden per Division ein Korps von 30—40 Mann, welche den diversen Stäben zugetheilt werden.

Rekapitulation.

Wir haben in den bisherigen Aufsätzen nachzuweisen gesucht, daß unsere Armee weit davon entfernt sei, mit den ihr bis dahin zu Gebote stehenden Hülfsmitteln, der ihr früher oder später einmal wartenden Aufgabe zu genügen. Die vielen Nachtheile, welche die bisherige laxe Ausführung der allgemeinen Wehrpflicht nach sich zieht, die unzureichende und fehlerhafte Eintheilung und Beschaffenheit der Kantonskontingente wurden betont. Wir verlangten eine Eintheilung der Schweiz in sachgemäße Militärbezirke und die Schöpfung von Territorialdivisionen, deren Organisation, Unterricht und Verwaltung durch Offiziere geleitet werden, die im Felde deren Kommando haben würden. Die Dauer der Dienstpflicht in

Auszug, Reserve und Landwehr wurde auf 8, 10 und 6 Jahre bestimmt, und erhielten wir damit eine Armee von 250,000 Mann, mit einem gewissen Prozente Ueberzähliger, welche zum Ausfüllen der Lücken bestimmt sind.

Es gelang uns auf diese Weise, neun Territorialdivisionen von 20,000 Mann vereinigter Waffen zu bilden, in welchem die einzelnen Waffengattungen in ziemlich richtigem Verhältnisse vorhanden sind und denen eine Spezialwaffenreserve von Artillerie, Kavallerie und Genie von je 2000 Mann zur Seite steht. Die Landwehr betrachteten wir als speziell für Besatzungszwecke zu verwenden und gaben ihr eine weniger mobile Bestimmung und Hülfsmittel.

Wir kehren uns an keine Kantonsgrenzen, sondern rekrutiren die Mannschaften wo sie sind, der Wohnort entscheidet für die Eintheilung. Die Pferde, deren Stand und Bedarf wir berechneten, werden für Kriegszwecke ausgehoben gegen Entschädigung an die Eigenthümer. Für die Friedensübungen und als Stock gut eingeführter Armeepferde hält die Eidgenossenschaft eine gewisse Anzahl derselben. Mit dem System der Pferderequisition und der Miethe wird gänzlich gebrochen. Die Instruktionszeit wird etwas verlängert, der Unterricht soll so viel möglich die Intelligenz des Mannes zu wecken suchen, bei den Wahlen der Chargirten haben die Kameraden berathende Stimme. Die Kosten für Ausrüstung und Kleidung sind dem Staate zu überbinden, behufs gerechterer Ausgleichung der Lasten. Der Sold der Soldaten wird erhöht, damit solche keine Geldopfer für ihren Unterhalt zu bringen haben. Die Verpflegung soll gesund und reichlich sein und in der Regel auf dem Regiewege hergestellt werden. Für Waffen und Munition setzt sich die Eidgenossenschaft in den Besitz der nöthigen Werkstätten, um sich vor fremden Einflüssen und Zufällen zu schützen.

Das Eisenbahn= und Fuhrwerk=Transportwesen, der Telegraphen= und Postdienst erhalten militärische Organisation, und endlich wird zur Aufrechthaltung von Ordnung und Sicherheit die Kreirung von Feldgendarmeriekorps angeregt.

Endlich wünschten wir, daß der Ertrag der Steuern, welche von Militärdienstbefreiten zu bezahlen sind, dem Bunde zufließen und wenigstens zum Theile zur Aeuffnung eines Pensionsfondes für Invalide verwendet werden.

Nachdem wir so die allgemeinen Grundsätze des Wehr=systems entwickelt haben, bleibt uns noch übrig die Organi=sation der verschiedenen Waffengattungen und Korps in Kürze zu beleuchten.

Generalstab.

Beginnen wir mit dem Generalstab, gleichsam Haupt und Herz der Armee.

Vom Generalstabe hängt durchaus Wohl und Weh der Armee, Sieg und Niederlage ab, und werden aller Muth, alle Anstrengungen und die vollkommensten Kriegswerkzeuge ohne Erfolg sein, wenn der Generalstab sich nicht auf der Höhe seiner Aufgabe befindet.

Es müssen die Arbeiten dieses Korps die größte Klarheit, Einfachheit und Sicherheit verbinden. Bei ihm fließen alle Rapporte zusammen. Von ihm sollen alle Direktionen und Befehle ausgehen. Die Generalstabsoffiziere, welche den verschiedenen Stabsabtheilungen und Korpsstäben vorstehen oder sie bilden, bedürften nicht nur einer Reihe sehr präziser Kenntnisse, sondern müssen dazu noch in hohem Grade gewisse Eigenschaften des Verstandes und Gemüthes vereinigen, um jeweilen den Umständen gemäß die besten Entscheidungen treffen zu können.

Ist nun wohl die Weise der Bildung und des Unterrichts unseres Generalstabes geeignet, uns einen Generalstab zu sichern, in welchem nur geeignete Persönlichkeiten Platz finden. Wir glauben kaum! Es ist daher das gewisse Mißtrauen, welches die Truppen immer noch den Generalstabsoffizieren entgegenbringen, eine Folge des Gefühls der Unzulänglichkeit derselben. Dieses Mißtrauen besteht und ist nicht abzuleugnen; auch würde es bei ernstlichen Zusammenstößen die gefährlichsten Konsequenzen nach sich ziehen müssen. Forschen wir den Quellen dieser Erscheinungen nach, so finden wir bereits in der Art der Rekrutirung des Generalstabes eine Ursache derselben.

Die Rekrutirung geschieht in der Hauptsache in allen Stabsabtheilungen durch Anmeldung, und zwar durch die kantonalen Militärbehörden beim eibg. Militärdepartement, oder durch die Betreffenden selbst. Die Kandidaten subalterner Grade haben sich auszuweisen, daß sie einen gewissen Dienst mitgemacht haben, und für den Generalstab wenigstens mit zwei verschiedenen Waffen Rekrutenkurse bestanden haben. Sie besuchen dann eine Central= oder Aspirantenschule und werden in Folge von Examen brevetirt. Wie geht es nun vielfach bei diesen Anmeldungen zu? Die Kantone schlagen sehr oft Offiziere vor, welche sie in ihren Kontingenten aus dieser oder jener Ursache nicht gerne sehen, oder gar nicht einmal brauchen können. Es ist dieß eine Manier, auf gute Art unbequemer Leute los zu werden. Ein anderer Theil Offiziere ist durch die Avancements in ihrem Kantone nicht befriedigt, besonders in kleinen Kantonen, wo zu wenig Truppen für die vielen Offiziere vorhanden sind, und sucht daher um diese Versetzung nach; wieder andere finden sich vom Dienst bei den Truppen unbefriedigt, weil dieß möglicherweise ihrer Vornehmheit Eintrag thut und sie auch oft den rechten Ton im Umgang mit ihren Untergebenen nicht zu finden wissen. Für diese Truppenmüden ist der Eintritt in den eibg. Stab eine Art Flucht in den schützenden Hafen des Stabsdienstes. Nur ein kleiner Theil tritt in denselben über mit dem klaren Bewußtsein, daß diese wesentlich wissenschaftliche, militärische Bethätigung ihrem Wesen und ihren Talenten am besten entspreche und sie dort dem Vaterland die nützlichsten Dienste leisten können.

Die Dauer des Unterrichtes ist überdieß auch viel zu kurz, um den Kandidaten mehr als eine gewisse Menge unverbauter Brocken in's Gedächtniß zu bringen. Eine eigentliche Durcharbeitung zu vollständiger klarer Einsicht wird nur bei den begabtesten und da noch in der Regel nicht von Anfang an erzielt.

Die Meisten sind eben nicht von vornherein Militärgenies, welche überhaupt selten sind, und da sollte man nicht vergessen, daß wenn man etwas Solides lernen will, man auch die nöthige Zeit dazu sich nehmen muß. Auf der Schnellbleiche geht die Sache nicht.

Außer Rekrutirung und mangelhaftem Unterricht sehen wir einen ferneren Grund des berührten Mißtrauens in dem Umstande, daß der Generalstabsoffizier viel zu wenig oder vielmehr keine Gelegenheit hat, mit seinen Truppen zusammen zu kommen. Es bringt dieß mit sich, daß er auch deren Führung nicht in der Weise beherrscht, daß er die technischen Schwierigkeiten derselben leicht überwindet, und daß hinwieder die Truppen nicht Veranlassung finden, das Vertrauen zu fassen, welches sie so gerne einem Führer entgegenbringen, welcher diesen Namen mit Recht verdient.

Durch die Kreirung von Territorialdivisionen und Brigaden, deren Stabsoffiziere in Feld und Frieden die oberste Leitung haben, ist der erste Schritt gethan, diese Lücke auszufüllen. Bei den Instruktionskursen und bei den Wiederholungskursen im Brigade- und Divisionsverband haben nunmehr diese Offiziere Gelegenheit, ihre Kenntnisse zu erweitern und sich Uebung und Klarheit in ihrem Dienste zu verschaffen. Ihre Untergebenen können sie am Werke sehen und sich im Guten wie im Bösen ein richtiges Urtheil bilden. Erst dann werden Beförderungen und Versetzungen mit einiger Sicherheit vorgenommen werden können, unterstützt durch die Vorschläge der Kameraden, welche eine fortwährende Erfrischung oder Ausscheidung ermöglichen.

Organisation des Generalstabs.

Unser bisheriger Generalstab zerfiel in zwei Hauptab=
theilungen, nämlich die sog. combattante Abtheilung, bestehend
aus Generalstab, im engern Sinne des Wortes Artillerie=
und Geniestab. Die andere nicht combattante Abtheilung
begreift den Kommissariats=, Sanitäts=, Veterinär= und Justiz=
stab in sich.

Wir halten die Unterscheidung von combattanten und
nichtcombattanten Stabsoffizieren für eine bornirte und würden
diesen Ausdruck gar nicht gebraucht haben, wenn er nicht
neuerdings wieder im Welti'schen Projekte anzutreffen wäre.
Jeder, der in einem Heere in dieser oder jener Eigenschaft
eingetheilt ist, hilft den Feind bekämpfen. Nur das Vorhanden=
sein aller nöthigen Elemente ermöglicht ein Heer überhaupt
kämpfend aufzutreten, und sind es vielen Beziehungen gerade
die sog. nichtcombattanten Abtheilungen, welche überhaupt
einen Feldzug in's Werk setzen und glücklich vollbringen lassen.
Lasse man uns daher in Zukunft mit dieser dummen Unter=
scheidung in Ruhe und bestrebe man sich, dieselbe gänzlich
aus Abschied und Traktanden fallen zu lassen.

Diese Bemerkung vorausgeschickt, denken wir uns die
Rekrutirung folgendermaßen. Alljährlich werden in Folge
der durch die Brigade= und Divisionskommandeure geneh=
migten Vorschläge der einzelnen Korpschefs jüngere begabtere
Offiziere der verschiedenen Waffen zu einer speziellen Stabs=
offizierschule kommandirt. Sie erhalten dort einen den Um=
ständen angemessenen theoretischen und praktischen Unterricht
durch den Generalstabschef und die demselben zu diesem Zwecke
zugetheilten Stabsoffiziere. Es ist sehr wichtig, daß der
Stabschef diese Schulen selbst leite, damit er seine Leute
möglichst genau kennen lerne. Nachdem die Offiziere diesen
Kurs absolvirt und sich über eine gewisse Summe Kenntnisse

ausgewiesen haben, werden sie zunächst als Adjutanten höherer
Offiziere verwendet. Sind sie nun vielleicht zwei bis drei
Jahre in dieser Eigenschaft mit Vortheil beschäftigt gewesen,
so werden sie in einem höhern Grade wieder zur Truppe
zurückversetzt, wo sie z. B. als Hauptleute wieder ein oder
zwei Jahre zubringen. Diejenigen dieser Offiziere, welche
sich neuerdings auszeichnen, kehren nach einem neuen theore-
tisch-praktischen Lehrkurse, der dann bereits höhere Ziele als
der erste befolgt, wieder in den Stab zurück.

Einige Zeit im Stabe zugebracht, avanciren sie zu Ma-
joren und haben in dieser Eigenschaft Schützen- oder Infanterie-
Bataillone, Kavallerie- oder Artillerie-Brigaden 2c. zu beseh-
ligen. Diejenigen Majore, welche sich nun ebenfalls durch
entsprechende Talente zu höhern Graden passend zeigen, haben
einen neuen Kurs, Rekognoszirungen 2c. zu bestehen und stehen
ihnen hernach, nachdem sie abwechslungsweise zu Truppen-
kommandos und zum speziellen Stabsdienst kommandirt worden
sind, die höchsten Stellen offen.

Um das lästige Wechseln der Uniformen zu vermeiden,
welche bei diesen Mutationen beinahe unvermeidlich sind,
erhalten die Offiziere des Stabes eine besondere Auszeichnung,
Schärpe, Armband oder etwas dergleichen, und machen den
Dienst in der Uniform ihres ursprünglichen Korps. Sie
genießen einen etwas höhern Sold als die Truppenoffiziere
des gleichen Grades, da der Stabsdienst seiner Natur nach,
auch größere Ausgaben veranlaßt.

Wir erzielen bei diesen Mutationen, daß kein Stabsoffizier die Fühlung mit den Truppen verliert, und kann zu
gleicher Zeit eine Ausscheidung erzielt werden, welche große
Vortheile vereinigt, denn es gibt viele tüchtige Offiziere in
gewissen Branchen, welche sich für den Stab nicht eignen
aus individuellen Gründen; dieselben bleiben in diesem Falle
in besser zusagender Stellung bei den Korps, und es ist

möglich, aus dem Stabe ein eigentliches Elitenkorps zu bilden. Auf diese Weise würden auch in dem Offizierskorps der Truppen eine Menge Elemente herangebildet, welche einen höhern wissenschaftlichen Lehrkurs durchgemacht haben und daher im Falle sind, auf die günstigste Weise auf Kameraden und Untergebene einzuwirken.

Es kann diese Art der Heranbildung der Stäbe ange= wendet werden auf Offiziere der Infanterie=, Artillerie=, Kavallerie=, Genie=, Verwaltungs= und Sanitätstruppen. Diese Offiziere bilden alle den Generalstab, welcher in besondere Gruppen zerfällt, die durch Offiziere gebildet werden, welche sich dem einen oder andern Gebiete aus Berufs= und Stu= dienrücksichten mit Vorliebe geweiht haben. Es ist darauf zu bringen, daß die Offiziere dieses Generalstabes eine mög= lichst genaue Kenntniß aller Waffen sich verschaffen und be= sonders der Bedingungen ihrer zweckmäßigen Verwendung im Krieg.

Für die Sanitätsstabsoffiziere ist diese Bedingung weniger erforderlich. In viel höherm Maße aber als man allgemein annimmt ist dieß für die Stabsoffiziere der Armeeverwaltung nöthig, da deren Thätigkeit alle Verhältnisse umfaßt, und eine richtige Beurtheilung aller waltenden Faktoren, und daher der in Bewegung zu setzenden Kräfte und Hülfsmittel nur bei genauer Kenntniß der verschiedenen Waffengattungen und ihrer Bedürfnisse wird erzielt werden können.

Es ist klar, daß die Thätigkeit der Stabsoffiziere eine viel umfassende ist und bedürfen sie daher auch eines größern Ueberblickes; der Truppenoffizier hat einen beschränktern Wir= kungskreis, hat sich daher auch vielfach mit Details zu be= schäftigen, denen der Stabsoffizier enthoben bleibt. Die Hauptsache ist hiebei, daß jeder die Aufgabe seiner Sphäre möglichst klar erfasse und sie glücklich löse. Es werden denn alle in gleicher Weise zum Besten des Ganzen gearbeitet haben.

Generalstabsschulen.

Wir haben gesehen, daß der Generalstab, wie er bis jetzt bestand, in vielen Beziehungen nicht den Ansprüchen genügte, die man an ihn stellen muß. Wir bemühten uns, eine zweckentsprechendere Einrichtung aufzufinden, indem wir vorschlugen, in den subalternen Graden die begabtesten Offiziere durch speziellen Unterricht zum Stabsdienste zu befähigen, und in den höhern Graden, vom Major aufwärts, ist ja so wie so jeder Offizier ein Stabsoffizier. Unser bisheriger eidg. Generalstab entstand eigentlich nur im Gegensatz zu den kantonalen Offizierskorps. Wenn aber das Militärwesen Bundessache geworden ist, so ist kein Grund mehr vorhanden, ein spezielles eidg. Korps zu errichten, welches den Zusammenhalt der kantonalen Kontingente vermitteln soll. Alle Korps sind dann eidgenössische und man wählt in allen diesen Korps und Waffen zum Stabsdienst diejenigen Leute aus, welche dafür die meisten Gaben haben. Diejenigen, welche man ursprünglich dazu ausersehen, die sich aber in der Folge zu andern Dienstverrichtungen tauglicher erweisen, können dann ganz leicht und ohne irgend einen Anstand auf passendere Weise verwendet werden.

Eine gute Vorschule für den Stabsdienst ist das Stabssekretariat. In allen Stäben gibt es eine Menge Skripturen zu besorgen. Ausfertigung der Befehle, Kopiaturen, Rapporten, Registraturen u. s. f. Diese oft rein mechanischen Arbeiten von Offizieren besorgen zu lassen, wäre die reinste Zeit- und Geldverschwendung. Man hat also jedem eidg. Oberst gestattet, einen Stabssekretär zu haben und hat dadurch dem Generalstab, den Divisions- und Infanteriebrigadenstäben eine Anzahl Stabssekretäre zugetheilt. Diese persönliche Zutheilung hat indessen gewisse Uebelstände und gibt zu Protektionen Veranlassung, welche möglicherweise störend

sein können. Die Stellen der Stabssekretäre sind sehr ge=
sucht, weil man annimmt, und bis dato mit Recht, daß sie
wenig Dienst haben. Es ist auch eine Rarität, wenn ein
Stabssekretär in Friedenszeiten einberufen wird. Kurse für
deren Unterricht bestehen nicht. Sie kommen daher gewöhn=
lich wildfremd mit ihren eigentlichen Funktionen, und dem
ganzen Armee= und Stabsmechanismus, am Sammelplatze an.
Oft sind sie nur sehr oberflächlich und nur zufällig mit der
Organisation der Armee vertraut. Sie haben keine Aussicht
auf Avancement. Alle diese Umstände tragen dazu bei, aus
dem Institut der Stabssekretäre nicht denjenigen Nutzen ziehen
zu können, welcher andernfalls erzielbar wäre.

Wir wären daher dafür, wie die subalternen Stabs=
offiziere, so auch die Stabssekretäre in ihrer bisherigen Ge=
stalt abzuschaffen. Es sollen dieß nur passagere militärische
Stellen sein und wir würden etwa wie folgt verfahren:

Tüchtige Unteroffiziere aller Waffen, welche sich durch
eine gute und sprachliche Bildung auszeichnen und Lust zur
Sache zeigen, werden in einen Stabssekretärkurs kommandirt,
in welchem sie in allen einschlagenden Fächern, Heeresorgani=
sation, Rapportwesen, Stabsdienst 2c. einen gründlichen Unter=
richt empfangen, sie werden zu Adjutant=Unteroffizieren be=
fördert und als solche den diversen Stäben zugetheilt. Sie
beziehen einen etwas höhern Sold als die Adjutant=Unter=
offiziere bei den Truppen und tragen die Uniform ihrer Korps
mit den Stabsabzeichen. Nach einiger Zeit Aufenthalt bei
den Stäben treten sie in ihr ursprüngliches Korps zurück,
avanciren da gegebenen Falls zu Offizieren und treten dann
später je nach Umständen als Adjutant=Offiziere wieder in
den Stab zurück, um den angeführten Bildungsgang bis zu
den höchsten militärischen Würden durchzumachen.

Wir hätten somit für den Stabsdienst gewissermaßen 4
Stufen. Dem entsprechend wird eine Generalstabsschule creirt,
welche ihren Unterrichtsplan demgemäß einrichtet.

1. Stufe, Adjutant-Unteroffizier, Stabssekretär.
2.   „   „   -Offizier, Ober-Lieutenant.
3.   „   „   „   Hauptmann.
4.   „   Stabsoffizier, Major.

Diese Generalstabsschule würde gewissermaßen zu einer Kriegsakademie werden. Sie stände unter der Leitung des Generalstabschefs und würden Offiziere aller Waffen und Dienstzweige berufen werden, an derselben Vorträge zu halten. Man würde dadurch erreichen, daß die Stabsoffiziere und auch eine größere Anzahl bei den Truppen verwendeter Offiziere Gelegenheit fänden, gründliche Kenntnisse in den Kriegswissenschaften zu erhalten. Die zu ertheilenden Fächer wären 1) vorbereitende: wie Geschichte, Geographie, Mathematik und Naturwissenschaft; 2) militärische Fächer: Heeresorganisation, Heeresverwaltung (inclusive Gesundheits- und Justizwesen), Taktik und Strategie, in ihren verschiedenen Spezialfächern. Als körperliche Uebungen würden daselbst gepflegt: Turnen, Schwimmen, Fechten, Schießen und Reiten. Ein Offizier soll in allen diesen Gegenständen das Wissen mit dem Können zu verbinden im Stande sein, und macht es einen höchst traurigen Eindruck, wenn derselbe seinen Säbel nicht in die Hand zu nehmen weiß, oder auf seinem Gaule wie ein Frosch auf einem Dünkel sitzt, wie wir dieß jetzt bei hohen und höchsten Militärs oft genug zu sehen den Aerger und Verdruß haben.

Man wird ohne Zweifel einwenden, wir hätten ja nur ein Milizheer und es sei daher nicht nöthig, auf die Ausbildung der Offiziere die gleiche Sorgfalt zu verwenden, welche in auswärtigen Staaten auf diesen Gegenstand gerichtet ist. Die Leute, die so raisonniren, befinden sich im Irrthum. Eben wegen unserer Milizsoldaten, eben wegen ihrer geringeren technischen und militärischen Ausbildung im Vergleiche zu den Soldaten der Cadres-Armeen, welche eine

Präsenzdauer von in der Regel drei Jahren durchmachen, ist es um so mehr geboten, daß in unserm Heerwesen ein durch und durch tüchtiges Offizierskorps geschaffen werde. Hörten wir doch oft von Offizieren die Klage formuliren, wir können nichts machen mit unsern Leuten, sie sind zu gescheidt für uns. Sie hätten die Klage füglich umkehren können und sagen, wir sind zu dumm für unsere Soldaten. Es fehlte ihnen doch nicht am guten Willen, aber an positiven Kenntnissen und an der Sicherheit, welche deren Bewußtsein gibt. Ihr Austreten war eine Serie von Fehlern, ein Herumtappen im Finstern, daher Unklarheit und Konfusion überall, daher auch kein Vertrauen, Mißmuth und zum Theil Hohngelächter bei den Untergebenen.

Glaube man uns, dieser Punkt ist außerordentlich wichtig. Denn es ist das A und das B jeder Kriegführung, daß Führer und Offiziere ihre Leute nicht nur kraft Gesetz und Reglement beherrschen sollen und werden, sondern daß sie dieß nur kraft ihrer überlegenen Kenntnisse und ihres gediegenen Charakters erzielen können. Wollte man dieses verkennen, fortfahren in der Weise, wie man bis dahin handtirt hat, so würde das Ach und Weh eines Tages nicht ausbleiben.

Es ist traurig, aber wahr, und wir stehen nicht an, es auszusprechen, daß unser bisheriger Generalstab, auch in den höchsten Graden, eine bedeutende Anzahl von Mittelmäßigkeiten umschließt, welche keineswegs im Stande sind, ihrer Stellung mit Erfolg vorzustehen. Es hat auch die Wahlbehörde, die eben leider auch vielfach aus dürrem Holz besteht, nicht den Muth, solche ausgelebte Größen zu entfernen. Es ist uns gesagt worden, daß in diesem Sinne durch den General formulirte Wünsche einfach ignorirt oder mit leeren Ausflüchten beantwortet worden sind.

Es ist dieß eine traurige Erscheinung und ganz geeignet, die bessern Elemente zu entmuthigen und ihnen den Kampf

für das Wohl unseres Vaterlandes und seiner Wehrkraft zu
verleiben.

Es sei uns schließlich noch erlaubt, einige Bemerkungen
anzuknüpfen, welche sich auf den Stabsdienst und die Thätigkeit der obersten Armeebehörden beziehen.

Es hat uns scheinen wollen, als ob sich diese Spitzen
viel zu sehr um Details bekümmern, welche absolut Sache
der Unterbefehlshaber bleiben sollen. Man will von unserm
Hauptquartier aus jedem Bataillon und jeder Kompagnie
Spezialwaffe ihren Standort anweisen und läßt den Divi-
sions- und Brigadechefs eine nur geringe Kompetenz in Dis-
lokationsanordnungen. Wir fragen, wie billig, für was haben
wir eigentlich diese Offiziere, wenn man denselben nicht überlassen kann, für ihre Truppen die richtigsten Stellungen selbst
auszuwählen. Eine Masse unausführbarer Befehle und sogleich wieder kontremandirter Ordres entstehen aus dieser
gänzlichen Verkennung des einzig richtigen Verfahrens, daß
der General seinen Unterbefehlshabern bloß eine Aufgabe
stellt und Direktionen ertheilt und denselben die Ausführung
überläßt. So haben alle tüchtigen Feldherren gethan und
so wird jeder Feldherr heute noch thun, dem es darum zu
thun ist, das Ensemble zu dominiren und sich nicht in Einzel-
heiten zu verlieren, für welche an Ort und Stelle besser
plazirte Leute vorhanden sind.

Die Uebelstände, welche diese Allesregiererei mit sich
führt, sind zahllos und die Vortheile, welche man sich davon
verspricht, äußerst problematischer Natur. Der Hauptübelstand
liegt aber darin, daß kein Unterbefehlshaber es wagt, Bewegungen vorzunehmen, und wenn sie auch durch die Umstände noch so dringend geboten werden, ohne im Besitze
höherer Befehle zu sein. Sein eigenes Denken und Fühlen
wird dadurch gänzlich lahm gelegt und er wird zu einer
Maschine herabgewürdigt, die sich wie eine Drahtpuppe auf

einem Marionettentheater hin und her bewegt. Der moralische Schaden, der im Geiste des Armeekommandanten, Divisionärs, Brigadiers so angerichtet wird, ist daher ein ganz außerordentlicher und würde nicht verfehlen, gegebenen Falls die schlimmsten Folgen zu haben.

Ein sehr großer Vortheil bei Adoptirung des gewünschten Verfahrens würde endlich darin liegen, daß die Arbeit auf den Stabsbureaux bedeutend vereinfacht und dadurch der Ueberblick außerordentlich erleichtert würde. Wenn man endlich einmal dazu gelangt, tüchtige Unterfeldherren zu erziehen, welche aber nur möglich sind bei guter Gelegenheit, Tüchtiges zu lernen, und an der Hand der Praxis, so hoffen wir auch, daß eine bessere Gliederung der Befehlgebung erzielt werden kann. Die Mittel dazu haben wir in Kürze auseinandergesetzt.

Oberbefehl der Armee.

Wir haben uns schon früher dahin ausgesprochen, daß wir auch in Friedenszeiten als obersten Befehlshaber einen General bezeichnet wünschen. Das eidg. Militärdepartement ist oft unter der Leitung von Personen, welche nur geringe Fachkenntnisse besitzen; es ist der Fall auch leicht denkbar, daß sich im Bundesrath keine geeignete Persönlichkeit vorfindet, um mit voller Sachkenntniß die militärischen Angelegenheiten zu besorgen. Für ein fruchtbares Wirken des Generals ist es zudem auch absolut nöthig, daß derselbe von den Truppen gekannt und gewürdigt werde. Daß er selbst sich jederzeit und von Amtswegen durch Inspektionen und genaue Nachschau vom Stande der Wehrkraft des Landes auf das Genaueste unterrichten könne. Er ist gewissermaßen in Feld und Frieden das geistige Centrum und das Bindeglied zwischen den verschiedenen Waffen und Heeresabtheilungen. An ihm ist es, eine stete Vervollkommnung des Heeres zu suchen und zu erstreben, und das Militärdepartement sowie die politischen Behörden mit seinem Rathe zu unterstützen. Wir wünschen daher statt der Wahl des Obergenerals für jede spezielle Truppenaufstellung, Bezeichnung eines solchen Oberoffiziers auf eine gewisse Zeit, z. B. drei Jahre. Er wird durch die Bundesversammlung gewählt, dieselbe hat aber jederzeit das Recht, ihn abzuberufen, wenn eine Majorität von ⅔ dieses verlangt. Es ist dieses zur Vorsorge, daß eine allfällige unglückliche Wahl auf legale Weise redressirt werden kann. Er ist übrigens nach Ablauf der Amtsdauer stets wieder wählbar.

Er leitet und überwacht den Unterricht der Bundesarmee im Frieden. Im Felde verordnet er alle militärischen Maßregeln, welche er zur Erreichung des bezeichneten Endzweckes für dienlich erachtet. Er übt über alle ihm unterstellten Individuen die höchste Militärgewalt aus, nach Anleitung der Gesetze und Reglemente.

Er macht im Frieden die Vorschläge für alle höhern Kommandostellen, im Kriege steht ihm die Wahl aller Offiziere zu. Die Bundesversammlung bestimmt jeweilen den Zeitpunkt, wann dieses Wahlrecht an ihn übergeht; dieß findet immer statt, wenn eine kriegerische Aktion zu gewärtigen ist und ein Theil oder die ganze Armee mobilisirt wird. Er ist dann im Stande, unfähige Offiziere zu entfernen und talentvollere mit ihren Stellen zu betrauen. Erst dann wird er auch die nöthige Autorität haben, um eine glückliche Kriegführung durchsetzen zu können.

Wir wünschen endlich eine klare Bestimmung seiner Kompetenzen, damit nicht, wie es in letztem und diesem Jahre der Fall war, ein eigentlicher Markt zwischen dem General und dem Bundesrathe über die vorzunehmenden militärischen Maßregeln vorkommen kann.

Ihm zur Seite steht der Generalstabschef; derselbe wird gleichfalls durch die Bundesversammlung auf drei Jahre gewählt. Er ist stets wieder wählbar. Die Bestimmung betreffs der Abberufung ist bei demselben nicht nöthig, weil der General das Recht hat, im Kriegsfalle alle ihm unterstellten Offiziere, also auch den Generalsstabschef, zu entlassen und zu ersetzen.

Seine spezielle Aufgabe ist der Unterricht der höhern Offiziere und Stabsoffiziere, die Oberleitung des Unterrichts der Offiziere überhaupt. Er vertritt den General in allen Geschäften, welche die operative Seite des Kriegswesens betreffen; bereitet die Feldzugs- und Operationspläne vor, dirigirt die Truppenbewegungen und nimmt die Rapporte der Unterbefehlshaber entgegen. Von ihm gehen die Befehle an die Waffenchefs, Armeekorps- oder Divisionskommandanten aus und an die Befehlshaber detaschirter Brigaden oder Korps.

Zunächst diesen Oberoffizieren und als ihre Gehülfen im Unterricht und der Inspektion der Armee gesellen wir ihnen bei die Inspektoren der verschiedenen Waffen: des Genie, der Artillerie, der Kavallerie, der Infanterie, der Scharfschützen u. s. w. Sie werden durch den Bundesrath auf drei Jahre ernannt.

Der Generaladjutant wird in der Regel nur für den Feldzug bezeichnet, er leitet und überwacht in diesem Falle die Heerespolizei, sammelt und ordnet die täglichen Situations- und Dislokationsrapporte über das Personelle und Materielle, besorgt das Nachrichtenwesen u. s. f.

Die Armeekorps-Kommandanten werden nur für den Feldzug bezeichnet, sie vereinigen zwei Divisionen unter ihrem Kommando. Man hat behaupten wollen, die Konfiguration unseres Landes erlaube nicht die Aufstellung von Armeekorps, da dasselbe zu koupirt sei. Eine verkehrtere

Motivirung kann es gar nicht geben. Justement in koupirtem Terrain, wo die Verbindung und der Ueberblick weniger möglich ist, und man doch auf gewissen Punkten mit einer respektablen Macht auftreten will, ist die Vereinigung derselben unter einem Kommando angezeigt. Die Formirung von Armeekorps hat übrigens den Zweck, dem General die Sache zu erleichtern, denn statt daß er an 9 oder 10 Divisionen Befehle zu ertheilen hat, vereinfacht sich die Sache um die Hälfte. Wir sehen übrigens kein Hinderniß, sie auch im Frieden schon zu bezeichnen und ihnen die Inspektion ihrer Armeekorps zu übergeben.

Die Divisionskommandanten werden durch den Bundesrath oder General gewählt; sie leiten die Aushebung, Eintheilung und den Unterricht sämmtlicher in ihrem Divisionsbezirk befindlichen wehrfähigen Mannschaft. Im Felde kommandiren sie die aus ihrem Divisionsbezirk hervorgegangene Felddivision gemischter Waffen, von circa 20,000 Mann.

Die Infanterie-Brigadekommandanten werden durch die Divisionäre vorgeschlagen, sie leiten die Aushebung und den Unterricht der Truppen ihres Brigadebezirkes und befehligen dieselben im Felde nach den Befehlen ihres Divisionärs.

Alle genannten Offiziere haben Oberst- oder wenigstens Oberstlieutenantsrang. Die Brigadekommandanten der Spezialwaffen sind Oberstlieutenants oder Majore, sie kommandiren die Brigaden des Genie, der Artillerie, der Kavallerie, welche theils den Infanterie-Divisionen zugetheilt, oder zu Spezialwaffen-Divisionen vereinigt sind.

Die Kommandanten der taktischen Einheiten werden durch den Brigadier vorgeschlagen; sie leiten die Aushebung und den Unterricht ihres Korps nach den Befehlen, welche ihnen von ihren Brigadiers zukommen; sie haben Majors- oder Hauptmannsgrad.

Ihm zur Seite steht der (?
wird gleichfalls durch die ??
gewählt. Er ist stets ??
treffs der Abberufung
der General das Re?
stellten Offiziere, al?
und zu ersetzen.

Seine spezi?
Offiziere und E?
der Offiziere
Geschäften,
treffen; ber?
girt die ?
Unterbefe?
die Wo?
aus ??
Korps?

im
ihn
G?
E?
?

...stabsdienstes be=
...ungen der Existenz
..., welches gute Dienste
... und in vollkommenem
... muß auch die Armee durch
... Nöthigen, durch Ersatz des
... Verpflegung in den Stand gesetzt
... zu können.
... sind gescheitert und haben sich, von
... und ruhmvollen Unternehmungen,
...wenden verwandelt, weil der Feldherr im
... Operationszweckes die Bedürftigkeit seiner
... Wir erinnern in dieser Beziehung im Alter=
... den Feldzug des Xerxes gegen Griechenland, an
... der Römer gegen die Parthen.
... die Zeiten der Völkerwanderung und die daherigen
... in Gallien und Germanien; später an die Kreuz=
... in neuerer Zeit an den dreißigjährigen Krieg, an die
... der Befreiung der Niederlande und die daherigen
...schichte der Spanier. In noch späterer Zeit an die anfangs
...züge der unglücklichen Unternehmungen Karls XII. von Schweden, die bei
Pultawa ein schreckliches Ende nahmen. An den verunglückten
Feldzug Friedrich II. in Böhmen, 1744, an die Feldzüge der
Franzosen in Spanien, später in Rußland; ganz neuerdings
noch an das klägliche Ende, welches der mit so großen Hoff=
nungen begonnene Zug Bourbaki's von Bourges aus gegen
Belfort, aus Mangel an den nöthigen Vorkehren für richtige
Verpflegung, genommen hat.

Wie viele andere Feldzüge aber sind deßwegen von Ruh?
und das Glück gekrönt worden, weil der Feldherr, wohl bewu?
das Erhalten erst das Schlagen ermöglicht, sein Auge

von Anfang an auf reichliche Verpflegung seiner Armee
[dach]te und sich nicht gereuen ließ, von langer Hand die Vor-
[keh]ren dazu zu treffen.

Als leuchtende Beispiele dieser Art erscheinen uns Alexander und Cäsar, Moritz von Oranien, Gustav Adolf,
Wallenstein, Turenne, Prinz Eugen, Karl XII. in seinen
ersten Feldzügen, Friedrich der Große im Verlaufe seiner
spätern Feldzüge. General Bonaparte, ebenfalls in seinen
ersten Feldzügen, Marschall Suchet in Arragonien und Catalonien, und Wellington im Halbinselkriege.

Auch die Kriege der neuesten Zeit sind nicht arm an
Beispielen dieser Art, und heben wir hiefür den Feldzug in
Italien, 1859, den böhmischen Feldzug, 1866, den Feldzug
Napiers in Abyssinien, und neuerdings besonders den Feld-
zug der Preußen in Frankreich als ein Muster großartiger
Leistungsfähigkeit wohlorganisirter militärischer Verpflegungs-
vorkehren hervor.

Wer wollte auch verkennen, welchen außerordentlichen
entscheidenden Einfluß die Erhaltung der Armee als des
Kriegsmaterials auf den endlichen Sieg ausübt, den Kriegszweck. Wie steht denn nun unsere Armee in dieser Frage,
wir haben uns schon in einem frühern Aufsatze ausgesprochen,
daß unsere Armee ihre Existenz auf Nichts gestellt habe, und
alle Vorkehren und alle Mittel fehlen, um dieselbe auch nur
mittelmäßig zu sichern. Daß keine vorsorgenden Maßnahmen
Platz finden, daß Alles dem Zufall überlassen bleibt, und
daß nirgends eine schöpferische Hand zu gewahren ist, welche
mit energischem Willen uns eine Armeeverwaltung schafft,
welche auch im Stande ist, ihre Aufgabe zu erfüllen. Es
bleibt uns übrigens in dieser Sache nichts übrig, als unsere
Schiffe gänzlich zu verbrennen. Zu flicken ist da nichts. Es
muß das Ganze durch und durch neu geschaffen und auf
solide Grundlagen gebaut werden. Die Centralisation des

Organisation der Kriegsverwaltung.

Ein sehr wichtiger Theil des Generalstabsdienstes beschäftigt sich damit, der Armee die Bedingungen der Existenz zu verschaffen. Wie jedes Instrument, welches gute Dienste leisten soll, fleißig unterhalten werden und in vollkommenem Zustande sich befinden muß, also muß auch die Armee durch regelmäßige Versorgung mit allem Nöthigen, durch Ersatz des Verlornen, durch gute Verpflegung in den Stand gesetzt werden, das Feld halten zu können.

Wie viele Feldzüge sind gescheitert und haben sich, von anfangs erfolgversprechenden und ruhmvollen Unternehmungen, in gänzliche Niederlagen verwandelt, weil der Feldherr im Verfolgen des Operationszweckes die Bedürftigkeit seiner Armee vergaß. Wir erinnern in dieser Beziehung im Alterthume an den Feldzug des Xerxes gegen Griechenland, an den Feldzug der Römer gegen die Parthen.

An die Zeiten der Völkerwanderung und die daherigen Feldzüge in Gallien und Germanien; später an die Kreuzzüge, in neuerer Zeit an den dreißigjährigen Krieg, an die Geschichte der Befreiung der Niederlande und die daherigen Feldzüge der Spanier. In noch späterer Zeit an die anfangs glücklichen Unternehmungen Karls XII. von Schweden, die bei Pultawa ein schreckliches Ende nahmen. An den verunglückten Feldzug Friedrich II. in Böhmen, 1744, an die Feldzüge der Franzosen in Spanien, später in Rußland; ganz neuerdings noch an das klägliche Ende, welches der mit so großen Hoffnungen begonnene Zug Bourbaki's von Bourges aus gegen Belfort, aus Mangel an den nöthigen Vorkehren für richtige Verpflegung, genommen hat.

Wie viele andere Feldzüge aber sind deßwegen von Ruhm und Glück gekrönt worden, weil der Feldherr, wohl bewußt, daß das Erhalten erst das Schlagen ermöglicht, sein Augenmerk von Anfang an auf reichliche Verpflegung seiner Armee richtete und sich nicht gereuen ließ, von langer Hand die Vorkehren dazu zu treffen.

Als leuchtende Beispiele dieser Art erscheinen uns Alexander und Cäsar, Moritz von Oranien, Gustav Adolf, Wallenstein, Turenne, Prinz Eugen, Karl XII. in seinen ersten Feldzügen, Friedrich der Große im Verlaufe seiner spätern Feldzüge. General Bonaparte, ebenfalls in seinen ersten Feldzügen, Marschall Suchet in Arragonien und Catalonien, und Wellington im Halbinselkriege.

Auch die Kriege der neuesten Zeit sind nicht arm an Beispielen dieser Art, und heben wir hiefür den Feldzug in Italien, 1859, den böhmischen Feldzug, 1866, den Feldzug Napiers in Abyssinien, und neuerdings besonders den Feldzug der Preußen in Frankreich als ein Muster großartiger Leistungsfähigkeit wohlorganisirter militärischer Verpflegungsvorkehren hervor.

Wer wollte auch verkennen, welchen außerordentlichen entscheidenden Einfluß die Erhaltung der Armee als des Kriegsmaterials auf den endlichen Sieg ausübt, den Kriegszweck. Wie steht denn nun unsere Armee in dieser Frage, wir haben uns schon in einem frühern Aufsatze ausgesprochen, daß unsere Armee ihre Existenz auf Nichts gestellt habe, und alle Vorkehren und alle Mittel fehlen, um dieselbe auch nur mittelmäßig zu sichern. Daß keine vorsorgenden Maßnahmen Platz finden, daß Alles dem Zufall überlassen bleibt, und daß nirgends eine schöpferische Hand zu gewahren ist, welche mit energischem Willen uns eine Armeeverwaltung schafft, welche auch im Stande ist, ihre Aufgabe zu erfüllen. Es bleibt uns übrigens in dieser Sache nichts übrig, als unsere Schiffe gänzlich zu verbrennen. Zu flicken ist da nichts. Es muß das Ganze durch und durch neu geschaffen und auf solide Grundlagen gebaut werden. Die Centralisation des gesammten Militärwesens in die Hand des Bundes ist da die erste Bedingung. Durch die Vorschläge der national-räthlichen Bundesrevisionskommission, welche sich nun ohne Hintergedanken zu diesem Grundsatz bekannt hat, werden nun auch die Reorganisationen der nebelhaften Ferne entrückt werden, zu welcher sie andernfalls sonst auf lange noch ver-urtheilt gewesen wären.

Mit um so größerer Zuversicht wagen wir es daher, ein Bild zu entrollen, auf welche Weise die Armeeverwaltung organisirt werden soll. An die Spitze derselben stellen wir den Generalkriegskommissär; Generalquartiermeister in der preußischen Armee; Benennungen, welche sich gleichwerthig sind. Bei uns umschloß freilich der Titel Generalquartier-meister, der aber gänzlich fälschlich angewendet wurde, die Befugnisse eines mit dem Genie-Inspektor verquickten General-stabschefs. Es waren dieß Irrthümer einer Zeit, auf die wir nicht zurückkommen.

Der Generalquartiermeister oder Generalkriegskommissär ist des Generals linke Hand, wenn der Generalstabschef die rechte ist. Nur darf die rechte nie etwas Wichtiges machen, ohne daß die linke etwas davon erfährt. In unserer Armee kennen wir diese Stellen nicht, wir haben nur einen Ober-kriegskommissär, der Abtheilungschef einer Abtheilung des großen Generalstabes ist, und in dieser Eigenschaft noch unter den Befehlen des Generaladjutanten und auf der gleichen hierarchischen Stufe steht, wie jeder andere Abtheilungschef des Generalstabes.

Er kann von sich aus außerordentlich wenig anordnen, zu vielen, gerade seinen wichtigsten Arbeiten und Beschlüssen bedarf er stets höherer Genehmigung, er hat stets gebundene Hände und soll doch der Sündenbock sein für alles Verkehrte, was höhern und höchsten Ortes angerichtet wird. Es ist dieses nicht die Stellung, welche diesem Amte gebührt.

Wir betrachten die Stelle des Generalquartiermeisters als gleichwerthig der des Generalstabchefs; für beide verlangen wir den gleichen Modus der Ernennung durch die Bundesversammlung. Hat der Stabschef vor Allem den operativen Zweck zu berücksichtigen, so ist es Sache des Generalquartiermeisters, die Erhaltung des Kriegsinstrumentes zunächst im Auge zu behalten. Er hat den Stabschef zu unterstützen und wird es am besten thun, wenn er Alles anwendet, um die Armee auf dem besten Fuße zu erhalten. Sekundirt und berathen durch diese beiden Stellen, wenn sie ihre beiden sich ergänzenden Sphären gänzlich beherrschen, wird es erst dem Feldherrn, dem General gelingen, einen Feldzug glücklich zu Ende zu führen.

Dem Generalquartiermeister stehen als Abtheilungschefs zunächst untergeordnet die Oberstkriegskommissäre, für das Geld- und Rechnungswesen, für das Verpflegungswesen, für das Transportwesen, für Ausrüstung, Bekleidung und Kasernement, der Oberfeldarzt für das Gesundheits-, der Oberpferdearzt für das Veterinärwesen; der Inspektor der Regiepferdeanstalten und der Pferdeaushebungen.

Die einzelnen Abtheilungen zerfallen zum Theil in fernere Sektionen, so das Geld- und Rechnungswesen, in das Kriegszahlmeisteramt und das Rechnungsrevisionsbüreau. Das Verpflegungswesen in biverse Branchen, je nach der Natur der verschiedenen Nahrungs- und Genußmittel. Das Transportwesen in den Eisenbahn- und Fuhrwerktransport, den Post- und Telegraphenbetrieb. Die vierte Abtheilung in die Sektionen für die Ausrüstung, für die Bekleidung, Kasernements- und Kampements-Gebäulichkeiten und -Gegenstände 2c.

Die Oberkriegskommissäre, der Oberfeldarzt, Ober-Pferdearzt und Regiepferde-Inspektor haben wesentlich inspektorielle Thätigkeit und Befugnisse. Sie bilden unter dem Vorsitze des Generalkriegskommissärs eine oberste Verwaltungskommission,

welche die wichtigsten Geschäfte und Vorlagen der Armeeverwaltung entweder selbst entscheidet, oder dem Bundesrath
oder General motivirt mit Anträgen zur Beschlußfassung vor-
legt. Sie haben die Direktion der einzelnen Verwaltungszweige. Sie haben hiebei selbst weniger einzugreifen als den
Zusammenhang und richtigen Gang des Ganzen zu überwachen. Sie besorgen die Revision der Geschäfte.

Ihnen liegt der Unterricht der Verwaltungsoffiziere und
Verwaltungstruppen ob, welchen der Generalkriegskommissär
leitet.

Werfen wir einen Blick auf die Gliederung der Organe
derselben in der Armee selbst.

Da haben wir in erster Linie Armeekriegskommissäre.
Sie sind Stellvertreter des Generalkriegskommissärs. Sie
werden bezeichnet, falls aus der eidgenössischen Wehrkraft 2
oder mehrere Armeen gebildet würden, welche auf verschiedenen
Punkten aktiv auftreten sollen. Dieser Fall wäre z. B. denkbar, falls eine Armee berufen wäre, an der Nordgrenze zu
agiren und unsere Südgrenze zu gleicher Zeit bedroht wäre.
Oder auch es wird nur ein Theil der Wehrkraft mobilisirt,
der Generalkriegskommissär behält sich aber vor, das Ganze
der Armeeverwaltung zu überwachen. Es wird daher für den
mobilisirten Theil der Armee ein Armeekriegskommissär ernannt, welcher die Attribute des obersten Verwaltungschefs
für die Verwaltung seiner Armee besitzt.

Diese Stellen sind vorübergehender Natur, es ist aber
nöthig, Offiziere an der Hand zu haben, welche eine solche
Aufgabe erfüllen können.

Wir haben in einem der letzten Artikel die Bildung
von Armeekorps in Anregung gebracht, dazu würden stets
zwei angrenzende Divisionen zu einem Armeekorps vereinigt.
Es wird dadurch nöthig, eine Verwaltungsspitze für diese
Armeetheile unter einem Kommando zu kreiren, es sind folg-

lich zu schaffen Armeekorps-Kriegskommissariate, entsprechend den Armeekorps-Intendanturen der preußischen Armee. Sie haben den gesammten Verwaltungsdienst ihres Armeekorps zu leiten und zu überwachen. Sie legen die Voranschläge vor und verfügen über die Verwendung der eröffneten Kredite. Sie verordnen und verfügen nach Maßgabe der Gesetze und Reglemente, sowie nach den Befehlen und Direktionen, welche ihnen von der Centralverwaltung und von ihrem Armeekorpskommandanten zukommen, die Verwaltung und Verpflegung ihres Armeekorps im Feld und Frieden. Im letztern wird ihre Thätigkeit vorzugsweise in der Direktion und Inspektion ihres Wirkungskreises bestehen, im Felde haben sie Pflicht und Vollmacht, über alle diejenigen Mittel zu verfügen, welche die Verpflegung und Existenz der ihnen anvertrauten Truppen sichern. Alle Dislokationen und Marschdispositionen, welche der Chef des Korps vornehmen will, sollen in ihrer Gegenwart berathen werden, und haben sie das Recht, berathend hiebei mitzuwirken. Sie vertreten in ihrer Stellung den Generalkriegskommissär und bleiben in ununterbrochener Verbindung mit demselben.

Ihnen zunächst sind unterstellt die Divisions-Kriegskommissäre; diese haben die Verwaltung der Territorial-Divisionsbezirke in militärischer Beziehung direkt auszuüben. Sie haben Oberst- oder Oberstlieutenantsrang und nehmen bei ihrem Divisionskommandanten die gleiche Stellung ein, welche der Armeekriegskommissär, ihr unmittelbarer Vorgesetzter, bei dem Armeekorpskommandanten bekleidet. Auch sie haben an den Berathungen und Verhandlungen über die Dislokationen Theil zu nehmen und können ihre Meinung zur Geltung bringen.

Unter ihren Befehlen stehen Abtheilungschefs für die verschiedenen Verwaltungszweige, in gleicher Weise wie dieß bei der Centralverwaltung angeführt wurde. Diese Offiziere haben in der Regel wenigstens Majorsgrad, sie befehligen die verschiedenen Verwaltungssektionen und Verwaltungskompagnien, welche ihnen zur Ausführung ihrer Aufgabe zugetheilt sind, und sind verantwortlich für den regelmäßigen Gang der Geschäfte, sowie das ihnen anvertraute Material.

Es sind ihnen subalterne Offiziere, Adjutanten, Unteroffiziere und Soldaten zugetheilt. Diese sind Kassenbeamte, Rechnungsbeamte, Kopisten, Magaziniers, Bäckermeister und Gesellen, Metzgermeister und Gesellen, Militärhandwerker aller Art, Telegraphisten, Postbeamte u. s. f. und in den diversen Branchen thätig. Alle diese Arbeiter, von denen übrigens auch wieder bei den einzelnen Truppenkorps vorhanden sind, rücken nach und nach aufwärts, die tüchtigeren werden Verwaltungsoffiziere der diversen Branchen, die besten aus diesen, nachdem sie die Generalstabsschule in den entsprechenden Schulen durchgemacht, füllen Adjutantendienst bei den höhern Stabsoffizieren der Verwaltung aus und werden Kommissariatsstabsoffiziere genannt. Die Offiziere der einzelnen Branchen sind den Truppenoffizieren gleichgestellt und heißen Kommissariatsoffiziere.

Die Vertreter des Divisionskriegskommissärs bei den Brigaden sind die Brigadekommissäre; sie haben in der Regel Majors-, wenigstens Hauptmannsgrad. In diesem Falle müssen sie die Generalstabsschule durchgemacht und Stabsoffizier sein. Sie leiten und beaufsichtigen den Verwaltungsdienst in ihrer Brigade. Per Felddivision hätten wir drei Infanteriebrigaden-, einen Schützenbrigaden-, einen Kavalleriebrigaden, einen Artilleriebrigaden- und einen Geniebrigadenkommissär, der zum Genie noch die Guiden, die Gendarmerie und den Divisionsstab zu verwalten hätte.

Bei den Truppenkorps finden wir als Chefs der Verwaltung, Bataillons- oder Kompagnie-Quartiermeister von Hauptmanns- oder Lieutenantsgrad. Die Verwaltung ihres

Truppenkörpers zu leiten und zu beaufsichtigen ist ihre Aufgabe, dazu haben sie Fouriere, Zahlmeister, Comptable, Militärarbeiter, Unteroffiziere und Soldaten, sowie Pferde und Wagen zu ihrer Verfügung.

Alle die genannten Kriegskommissäre besorgen die Verwaltung, die ihnen anvertraut ist, nach den Befehlen der ihnen unmittelbar vorgesetzten Stelle, welche stets zu gleicher Zeit das Beaufsichtigungsrecht hat.

Sie visiren die ihnen vorgelegten Soldausweise und kontroliren und ermächtigen durch dieses Visa die Zahlmeister der Rechnungsabtheilungen, die Auszahlungen zu besorgen.

Sie visiren ebenso alle Bestellscheine, Rechnungen u. dgl., welche für Lieferungen von Armeebedürftigen eingerichtet werden; erst dadurch können dieselben zur Zahlung gelangen. Die Zahlmeister haben nur das Recht, Zahlungen vorzunehmen, wenn ihnen ein, von den respektiven Kommissären gehörig bescheinigtes, Zahlungsmandat vorgelegt wird; es dient ihnen als Kassenausweis. Sie haben in diesem Falle nur die Prüfung des Ausweises vorzunehmen und dessen formelle Richtigkeit zu ermitteln; die materielle Untersuchung wird auf den Rechnungsbüreau's vorgenommen, wo die Belege zu den verordneten Zahlungen jeweilen eingereicht und mit den vorgelegten Zahlungsmandaten verglichen werden. Die höhere unmittelbare Verwaltungsstelle hat jeweilen bei Rechnungsablagen die Belege zu prüfen und die Ausgaben zu genehmigen.

Falls ein Korpschef Anschaffungen befiehlt, welche im Reglemente nicht vorgesehen sind und gegen deren Anweisung der respektive Kriegskommissär Bedenken hat, so hat er in diesem Falle einen schriftlichen Befehl auszufertigen, welcher die Anschaffung und deren Betrag präzisirt; der Kriegskommissär kontrasignirt ihn, und er wird auf diese Weise zahlungsfähig. Die materielle Verantwortlichkeit trägt der auftraggebende Offizier.

Bis jetzt war dieses anders; alle Anschaffungen und Zahlungen, auch die durch das Reglement vorgesehenen, mußten immer durch den Korpschef bescheinigt werden; bei größern Truppenkorps, wie z. B. einer Brigade, Division, eine eigentliche Belastung für das Kommando, welche ihnen abgenommen werden kann. Dagegen waren keine eigentlichen verantwortlichen Zahlmeister da; es war dieß eine Arbeit, die dem Kriegskommissär zufiel, wodurch derselbe nebst der allgemeinen Verantwortlichkeit für die ganze Verwaltung noch die spezielle für die Führung der Kasse übernehmen mußte. Wir sind in dieser Beziehung für die absolute Trennung der Gewalten eingenommen, wodurch einzig ein geordneter Dienst und eine ergiebige Kontrole erzielt werden kann. Wir würden per Division einen Hauptzahlmeister und drei Zahlmeister einrichten. Sie sind für die Führung ihrer Kassen verantwortlich, und werden dieselben durch den Divisionskriegskommissär so oft thunlich, monatlich wenigstens ein Mal, untersucht. Man wählt zu diesem Amte Leute, welche auch in ihrem Privatleben mit der Führung von Kassen vertraut sind, z. B. Notare und Banquiers.

Rechnungswesen.

Zur Prüfung der vorgelegten Rechnungen und Belege werden in jeder Division die nöthigen Rechnungsbeamten aufgestellt. Man rekrutirt hiefür am liebsten Rechnungskontroleure öffentlicher und privater Finanzanstalten. Wir haben diese Kontroleure bei den Brigadekommissariaten, sie revidiren alle die von den Truppen der Brigade vorgelegten Rechnungen und vergleichen sie mit den erhobenen Summen und Lieferungen an Geld und Materialien. Allfällige Irrthümer werden sofort redressirt.

Die wohlgeordneten Brigade=Rechnungen gehen an das Divisions=Rechnungsbüreau, welches die Prüfung wieder vornimmt, welche aber, falls die Brigade=Rechnungsbeamten ihren Dienst gehörig verstehen, rasch beendet ist. Sie wandern von da in's Armeekorps=Rechnungsbüreau, werden dort von Neuem durchgesehen, und als Rechnung des Armeekorps gelangen sie an das Ober=Rechnungsbüreau. Wir erzielen auf diese Weise einen sehr raschen und richtigen Rechnungsabschluß. Die Rechnungen umschließen in der Regel die ganze Dauer des Dienstes, falls derselbe indessen für die einzelnen Korps voraussichtlich länger dauert als 2 Monate, so sollen die Rechnungen monatlich abgeschlossen werden. Es haben die Rechnungsführer der einzelnen Korps 3, höchstens 5 Tage nach Monats= oder Dienstschluß ihre daherigen Sendungen an den Brigade=Rechnungsführer zu machen. Von da gelangen sie bis am zehnten Tage an das Divisions=, bis am 20. an das Armeekorps= und bis längstens Ende Monats an das Ober=Rechnungsbüreau. Nach 15 Tagen oder einem Monat kann das schön geordnete und bereits gehörig gesichtete Material durchgesehen sein, und die Rechnungsleger können in kurzer Frist entlastet werden.

Es herrscht heute ein absolut verschiedener Modus in dieser Sache; jedes Korps, und bestände es nur aus drei Mann, rechnet mit dem Ober=Kriegskommissariate ab; es hat daher dasselbe eine Unzahl von oft gänzlich verkehrten, materiell und formell unrichtigen Rechnungen zu prüfen. Die Rechnungssteller sind an allen möglichen Ecken und Enden der Schweiz; für Differenzen von wenigen Rappen sind oft ein halbes Dutzend Briefe nöthig, und der definitive Rechnungsabschluß, sowie die Entlastung der Rechnungsführer, ist nicht zu erzielen. Es dauert daher Jahre, bis jeweilen eine größere Truppenaufstellung liquidirt ist.

Alles, was auf das Rechnungswesen Bezug hat, muß möglichst einfach und klar sein und einen raschen Ueberblick erlauben; außerdem soll für einen guten Unterricht aller Derjenigen gesorgt werden, welche im Falle sind, sich als Comptable zu bethätigen. Es wird in dieser Beziehung Alles versäumt; viele Militärs rechnen es sich sogar zur Ehre an, vom Rechnungswesen Nichts zu verstehen; der Unsinn, welcher produzirt wird, ist aber auch blühend.

Die Armee-Verpflegung.

Die Verpflegung einer Armee im Felde ist eine äußerst schwierige Aufgabe und ist es daher, wie wir bereits äußerten, nöthig, von langer Hand die Vorkehren zu treffen, welche die Erfüllung dieser Aufgabe ermöglichen. Man geht in der Regel zu leicht über diese Sache hinweg und sieht sie als selbstverständlich an. Für kleine Detaschemente wird es freilich überall leicht sein, am Orte ihres Aufenthalts für deren Unterhalt die nöthigen Hülfsmittel zu finden. So wie aber die Zahl der Truppen sich mehrt, was immer der Fall sein wird, wenn entscheidende Gefechte oder Operationen gemacht werden sollen, so wird sich die Sache bedeutend kompliziren. Es wird dann absolut davon abhangen, ob die Armee in ihrer Organisation die nöthigen Elemente vorfindet, welche mit Erfolg deren Bedürfnisse befriedigen können.

Es kann dieß nur erzielt werden, wenn nach dem Vorgange anderer Armeen Verpflegungskompagnien gegründet und im Frieden für den Felddienst eingeübt werden. Diese Einrichtung geht uns gänzlich ab und doch hat sie sich gerade in den letzten Feldzügen in Frankreich von außerordentlichem Nutzen erwiesen, und schreiben kompetente deutsche Offiziere es nur diesen Korps zu, wenn die zu bewältigende ungeheure

Arbeit auf im Ganzen befriedigende Weise gelöst werden konnte. Nur das Vorhandensein dieser Korps erlaubte das rasche Vorrücken von Hundert= und abermals Hunderttausenden und dadurch die Möglichkeit, die Verfolgung des Feindes bis zur Vernichtung fortzusetzen.

Es wird indessen nicht genügen, wenn wir Verpflegungs= kompagnien nur auf dem Papiere besitzen; dieselben müssen schon in unsern Friedensübungen in angemessener Weise be= schäftigt werden. Wir erreichen dieß durch Einführung des Regiebetriebes für die Naturalverpflegung der im Dienst be= findlichen Mannschaften, und da alle Wiederholungskurse der Truppen je im Brigade= oder Divisionsverbande stattfinden sollen, so findet sich hiebei Gelegenheit, unsere Verpflegungs= kompagnien in Gebrauch zu ziehen und nützlich zu verwenden, sowie deren Ausbildung zu erzielen.

Es würde dieses auch ein Verlassen des ausschließlichen Lieferungsverfahrens ermöglichen, dessen Nachtheile für einen Feldzug wir bereits auseinandergesetzt haben. Die Militär= behörden befänden sich endlich beim Regiebetrieb immer im Besitze eines gewissen Vorrathes von Lebensmitteln, wie Korn, Mehl, Reis, Erbsen u. dgl., sowie von Fourage, und wären in hohem Grade unabhängig von den Preissteigerungen, welche sich jeweilen beim Ausbruche einer Konflagration ein= stellen. Man kann dann auch vom ersten Tage des Ein= rückens der Truppe mit der Naturalverpflegung beginnen, zur großen Erleichterung der Bürger und Gemeinden, durch welche Truppenzüge stattfinden. Zu diesem Behufe muß übrigens die Art der Zubereitung der Nahrungsmittel eine vollständig andere sein. Die vorhandenen Kochgeschirre 2c. sind vorsündfluthlichen Ursprungs. Lernen wir in dieser Be= ziehung von den Amerikanern. Dieselben führten zuerst bei ihren Ambulancen und schließlich auch bei einzelnen Korps fahrende Küchen ein. Die Offiziere vereinigten sich zu Tisch=

gesellschaften und führten Fourgons mit, auf welchen eben=
falls fahrend gekocht werden konnte. Wir sahen ähnliche
Cantinen für Offiziere bei der Bourbaki'schen Armee. Wäre
es denn nicht möglich, auch unsere Armee derartiger Vortheile
theilhaft zu machen?

Wie bitter mußten diesen Winter bei den langen Mär=
schen, oft bei Nacht und in Winterkälte, unsere Truppen den
Mangel aller und jeder praktischen Kocheinrichtung fühlen.
Ganz besonders bei den forcirten Touren, die am 29., 30. und
31. Januar und in den ersten Tagen des Februars stattfanden.
Wir hörten viele Offiziere und Mannschaften bedauern, daß
die bestehenden, durchaus unpraktischen Einrichtungen noch
nicht vernünftigern haben weichen können, und ganz beson=
ders beklagten sie, daß es unmöglich war, auch nur etwas
warme Suppe, Kaffee oder Thee zu erhalten, welche ihnen
zur Ueberwindung der Winterkälte ausgezeichnete Dienste
hätte leisten können. Wir können nicht genug diese Sache
ernstlicher, vorurtheilsloser Prüfung empfehlen und sind ge=
wiß, daß die Bedenken, welche gegen die Einrichtung fahrender
Küchen gemacht werden, eben so sehr aller Begründung ent=
behren, als diejenigen, welche seiner Zeit gegen das kleine
Kaliber der Feuerwaffen, hernach gegen die Hinterlader, dann
gegen die Repetirgewehre laut wurden. Die Erfahrung hat
bewiesen und beweist es täglich, daß der menschliche Geist
derartige mechanische Aufgaben mit Leichtigkeit löst. Die
größte Schwierigkeit ist jeweilen die Denkfaulheit und das
Gesetz der Beharrung, auch Trägheit genannt, zu überwinden,
welche in maßgebenden Kreisen allzu üppige Blüthen treibt
und welche Hindernisse erfindet, wo keine vorhanden sind.

Eine fernere absolute Bedingung zum Wohlsein der
Militärs ist die richtige und reichliche Zusammensetzung der
verabreichten Speisen. Man muß das System der Abfütte=
rung verlassen und ein System der Speisung beginnen. Wir

wollen damit sagen, daß ein gewisser Wechsel der Nahrung stattfinden muß, daß man nicht nur gesottenes Fleisch, sondern auch gebratenes austheilt, daß in der Qualität desselben soviel als möglich Abwechslung nnd ebenso in den Gemüsen erzielt werde, daß auch für grüne Gemüse und Salat so viel thunlich gesorgt werde. Endlich soll Wein, Bier, Branntwein, Kaffee oder Thee von Staats wegen an die Soldaten verabfolgt werden, ebenso den Rauchern Tabak und Cigarren. Es sind dieses Genußmittel, welche für Viele zur Bedingung des Daseins und Wohlbefindens geworden sind und unverkennbaren Einfluß auf den moralischen Zustand der Mannschaften haben. Eine regelmäßige Vertheilung z. B. von Wein bei den Mahlzeiten wird vom besten Erfolge sein und wird man dann mit Recht den Soldaten den Besuch von Wirthschaften und Cantinen verbieten können, wo sie für theures Geld sehr oft nur eigentliches Gift zu genießen bekommen.

Der Ankauf aller dieser Nahrungs- und Genußmittel im Großen bietet endlich so außerordentliche pekuniäre Vortheile und liegt so sehr im Interesse des Ganzen, daß kaum irgend stichhaltige Gründe dagegen geltend gemacht werden können, es seien denn jene, welche wir schon weiter oben berührt haben.

Von der Verpflegung der Mannschaft kommen wir von selbst zu derjenigen der Pferde, der treuen Kriegsgefährten des Menschen. Wie verkehrten Ansichten begegnen wir da, wie kurzsichtig und unverständig sind oft die Anordnungen, welche getroffen werden. Wie leicht glaubt man, dem Staate durch Herabschrauben der Ration Geld sparen zu wollen und muß es hernach zehn- und hundertfach wieder zum Fenster hinauswerfen für erkrankte, heruntergekommene und umstehende Pferde, die der Armee eine Last werden, statt ein Element der Kraft derselben auszumachen. Um

Pferde mit Erfolg unterhalten zu können, muß denselben ein Quantum Nahrung gereicht werden, welches im Einklange steht mit ihrer Größe und ihrem Körpergewicht und den täglich gestellten Anforderungen an Arbeit. Es folgt daraus, daß die Ration für schwerere Pferde größer sein muß als für leichtere, und größer sein muß zu Zeiten bedeutender Körperanstrengungen als in Zeiten der Ruhe. Der Private, der eigene Pferde hält, weiß dieß sehr gut und richtet sich auch danach, die hohe Weisheit militärischer Führer setzt sich indessen mit Leichtigkeit über solche Kleinigkeiten hinweg und ignorirt deren Wahrheiten einfach.

Wir verkennen freilich die Schwierigkeiten nicht, welche die Herbeischaffung der immensen Vorräthe erfordert, welche durch eine irgend erhebliche Zahl Pferde täglich verzehrt wird. Wir wissen aber auch, daß bei guten Einrichtungen und zweckentsprechender Organisation diese Hindernisse zu überwinden sind, man braucht es nur ernstlich zu wollen und die nöthigen Mittel dazu zu bewilligen.

Ueber die Organisation der Verpflegung erlauben wir uns folgende Andeutungen. Bei jeder Division ist ein Verpflegungsdirektor als Chef des Verpflegungsdienstes thätig, er hat Majorsgrad, ist Kommissariatsoffizier und steht unter dem Befehl des Divisionskriegskommissärs. Mehrere Offiziere und Unteroffiziere sind ihm zur Bildung seines Verwaltungsbureau's unterstellt. Er befehligt die Verwaltungstruppen und kommandirt und beaufsichtigt deren Dienst. Diese Truppen zerfallen in zwei Hauptgruppen, nämlich solche, welche den taktischen Einheiten der Korps zugetheilt sind und einen integrirenden Theil dieser Korps ausmachen, und zweitens in solche, die in Kompagnien und Züge vereinigt selbst einen taktischen Körper darstellen.

Den einzelnen Truppenkorps sind zugetheilt diejenigen Mannschaften, welche für deren nächsten Bedarf zu sorgen haben, die Fassungsmannschaften, welche die Bedürfnisse in den Fassungsplätzen und Magazinen abzuholen haben, die Köche u. s. f. Den Bataillonen wird man gut thun, Bäcker und Metzger definitiv zuzutheilen, welche den Bedarf des Bataillons herstellen können, bei den Spezialwaffen trifft man diese Einrichtung nur für die Brigade. Ebenso werden Metzger den taktischen Körpern von Anfang an zugetheilt. Wir berechnen den Bedarf eines Infanteriebataillons an Bäckern auf 4 Mann, nämlich einen Meister und 3 Gesellen, eines Schützenbataillons auf 3 Mann, für die Spezialwaffen-Brigade der Artillerie und Kavallerie 4 Mann. An Metzgern kann man die Hälfte Personal in Anschlag bringen. Im Hauptquartier der Division würden zur Aushülfe und zum Ersatz der austretenden oder erkrankten Mannschaften das gleiche Effektiv gehalten. Diese Mannschaften dienen den Lebensmittelkolonnen als Eskorte und zur Aushülfe überall da wo es nöthig ist.

Man erhielte so eine Verpflegungskompagnie, zusammengesetzt aus 54 Bäckern, 25 Metzgern, 5 Küfern, 2 Wagnern, 2 Schmieden, 2 Schlossern, 20 Fouragearbeitern, 10 Maurern und Zimmerleuten, 6 Train, im Ganzen mit den Offizieren 130 Mann. Die Unteroffiziere der Korps sind aus diesen Handwerken gezogen, ebenso die Offiziere, von denen ein Bäcker, ein Metzger, ein Baumeister, ein Landwirth sein soll. Zwei solche Kompagnien werden gebildet für eine Felddivision von 20,000 Mann, die eine vom Auszug, die andere von der Reserve. Die in die Landwehr eintretende Mannschaft wird ebenfalls zu gleichen Kompagnien vereinigt. Die sämmtlichen Mannschaften werden zur gegenseitigen Aushülfe in den Waffen geübt, sie erhalten einen leichten Kavalleriekarabiner und sind ausgerüstet, ähnlich den Sappeurkompagnien, mit den nöthigen Werkzeugen, Werkzeugwagen und Fourgons, sowie mit den nöthigen Pferden und Geschirren.

Wir sind weiter eingetreten in das Detail dieser Sache, als es möglicherweise passend scheinen kann; die für unsere Armee absolute Neuheit dieser Einrichtungen mag uns indessen entschuldigen und glaubten wir an der Hand der Erfahrungen auswärtiger Armeen eine approximative Stärke der Mannschaften für den Verpflegungsdienst anführen zu sollen.

Organisation der Armee-Transporte.

Wir theilen die Transporte in Eisenbahn- und Fuhrwerktransporte. Das gesammte Transportwesen steht unter dem Oberkriegskommissär für das Transportwesen; jeder der beiden angeführten Abtheilungen steht ein Direktor von Oberst- oder Oberstlieutenantgrad vor.

Für den Eisenbahntransport gelten folgende Bestimmungen:

Im Frieden geschehen die militärischen Transporte auf den Eisenbahnen nach den mit den Eisenbahnen vereinbarten und durch die Konzessionen bestimmten Normen. Die Eisenbahnen erhalten für ihre daherigen Lieferungen und Leistungen bei einzelnen Militärs und Detaschementen direkte Bezahlung, bei größern Korps Gutscheine, welche später mit den betreffenden Rechnungsstellen bereinigt werden. Den Eisenbahnbetriebsangestellten wird ein zweckmäßiger Unterricht in den speziell militärischen Fächern ertheilt, und hat der obgenannte Eisenbahndirektor das Nöthige hiefür anzuordnen. Es werden die Angestellten im Kriegsdienste gewöhnlich in der Eigenschaft verwendet, welche sie im Friedensdienste einnehmen. Es wird über dieselben dem Eisenbahndirektor und seinem Abtheilungschef jährlich auf einen bestimmten Zeitpunkt ein genaues Namensverzeichniß zugestellt über alle im Dienst sich befindlichen Personen und ihre Diensteigenschaft. Es werden mit Zugrundelegung dieser Verzeichnisse den Eisenbahnangestellten militärische Grade ertheilt, falls sie anders die übrigen persönlichen Eigenschaften zur Erfüllung eines Grades vereinigen, und tragen sie im Dienste die gleichen Dienstabzeichen auf ihren Uniformen wie die übrigen Chargirten der Armee. Die Uniform, die sie in ihrem gewöhnlichen Dienste tragen, wird übrigens nicht abgeändert; sie tragen nur außer den Gradabzeichen die eidgenössische Binde im Falle eines aktiven Dienstes. Sie treten hiebei in Sold und Verpflegung des Bundes und stehen unter militärischer Zucht und Gerichtsbarkeit.

In Zeiten des Krieges oder der Kriegsgefahr ist der Oberbefehlshaber berechtigt, durch den Generalkriegskommissär und auf seinen Antrag über den Kriegsbetrieb der Eisenbahnen zu verfügen. Der Eisenbahndirektor übernimmt alsbald das sämmtliche Personal und Material derjenigen Linien, welche durch diese Maßregel getroffen werden, denn es ist jeweilen nicht alle Mal nöthig, dieselbe über alle Linien der Schweiz auszudehnen.

Er verfügt unter Genehmigung und auf Befehl seiner Vorgesetzten über diejenigen Maßregeln, welche er zur Erzielung des militärischen Endzweckes für nöthig erachtet; er kann z. B. den Civilbetrieb ganz oder theilweise einstellen, die Stundenpläne abändern, Nachtzüge einrichten ꝛc., das Personal vermehren, vermindern oder versetzen, je nach den Erfordernissen des Augenblickes.

Die finanzielle Seite der Frage scheint uns am leichtesten auf folgende Weise gelöst: Den Eisenbahngesellschaften wird für die Benutzung der Linien und des Materials eine Entschädigung pro Kilometer und Tag des Kriegsbetriebes bezahlt. Das Betriebspersonal wird je seinem militärischen Grade gemäß besoldet und verpflegt, die Einnahmen hingegen, welche auf den Linien durch allfälligen Civilbetrieb realisirt werden, fallen in die Bundeskasse und werden zunächst zur Besoldung der Eisenbahnangestellten verwendet. Die Rechnungsbeamten der Eisenbahnen treten, wie das eigentliche Fahrpersonal, in den Dienst der Eidgenossenschaft über und sind für genaue Rechnungsführung vom Tage des Eintritts des Kriegsbetriebes bis an's Ende desselben den militärischen Obern verantwortlich.

Die Entschädigung wird ermittelt aus der Zusammenstellung der täglichen kilometrischen reinen Erträgnisse der drei letztverflossenen Jahre, und zwar unter Zugrundelegung derjenigen Monate jener Jahre, welche denen des Kriegsbetriebes entsprechen. Falls diese monatliche Erhebung nicht wohl möglich, so entscheidet das Mittel der Jahres-Erträgnisse. Bei neuerrichteten Linien wird der Betrag der Entschädigung nach den Ergebnissen der zunächst verflossenen Monate ermittelt. Linie und Material sind nach Aufhebung des Kriegsbetriebes im gleichen Zustande wie bei der Uebernahme zurückzuerstatten; für allfällige Zerstörungen wird der Schaden durch Experten ermittelt und den Gesellschaften ersetzt; der gewöhnliche Abnutzen kann nicht in Anrechnung gebracht werden. Für allfällige Verbesserungen in der Linie, aus denen die Gesellschaften auch im gewöhnlichen Betriebe Nutzen und Vortheile ziehen können, haben sie eine entsprechende Rückvergütung an den Bund zu leisten, welche durch die gleichen Experten bestimmt wird. Diese Experten werden durch das Bundesgericht bezeichnet; man könnte sie auch so bezeichnen lassen, daß der Generalkriegskommissär den ersten, die Eisenbahngesellschaften den zweiten Experten und das Bundesgericht deren Obmann bezeichnet. Es kann in diesem Falle jede Eisenbahngesellschaft sich nach ihrer Konvenienz vertreten lassen. Für den Dampfschifftransport gelten analoge Bestimmungen.

Fuhrwerk= und Lebensmittel=Transporte.

Der Fuhrwerktransport wird durch die Errichtung der nöthigen Trainkompagnien gesichert. Es zerfallen dieselben in Linientrain= und Parktrain=Kompagnien. Die erstern theilen sich in Sektionen, welche den Einheiten der verschiedenen Waffen zugetheilt sind. Sie besorgen bei denselben den Transport der Munitionscaissons, der Rüstwagen, Fourgons, der Küchen, des Gepäcks und der nöthigen Wagen für 2 Tage Lebensmittel. Ein berittener Unteroffizier bei den Fußtruppen hat zunächst deren Kommando und erhält daherige Befehle vom Quartiermeister der taktischen Einheit.

Zur Spedition der Reservemunition und der Lebensmittel werden Parktrainkompagnien von 100 Mann und 150 Pferden gebildet; jeder Felddivision von 20,000 Mann werden 6 dieser Kompagnien zugetheilt, nämlich 3 im Auszug und 3 in der Reserve, von welcher je eine für den Munitionstransport und die beiden andern für den Lebensmitteltransport bestimmt sind.

Es werden die ersteren unter dem Artilleriekommando stehen, während die letzteren unter dem Kommando des Divisions=Transportchefs von Majorsgrad 4 Proviantkolonnen bilden und für 4 Tage Lebensmittel für die gesammte Division mitzuführen im Stande sind. Diese Proviantkolonnen sind gewissermaßen fahrende Magazine. Da sie für 4 Tage Lebensmittel fassen können, so rückt Tag für Tag eine von den Kolonnen zu den auf den Eisenbahnstationen oder ähnlichen Punkten hinter der Linie errichteten stehenden Magazinen ab und kehrt gefüllt wieder in die Linie zurück, wo sie rechtzeitig einzutreffen hat. Die stehenden Magazine dürfen in der Regel nur einen Tagmarsch von 6 bis 8, höchstens 10 Stunden hinter der Linie entfernt sein. Wir haben in diesem Falle einen Tag zurück, einen Tag verladen, einen

Tag vorwärts, den vierten Tag verladen. Die Magazine werden stets der Operationslinie so rasch als möglich nach= gerückt.

Die Lebensmittelfuhrwerke der taktischen Einheiten fassen ihre Lebensmittel bei den Proviantkolonnen und kehren alle 2 Tage zu denselben zurück; man kann auch alle Tage durch die Hälfte der Fuhrwerke den Bedarf für den zweitnächsten Tag fassen lassen, während die andere Hälfte gefüllter Fuhr= werke bei den Korps verbleibt. Um indessen die vielen Un= regelmäßigkeiten, welche auch beim besten derartigen Betrieb unvermeidlich sind, möglichst auszugleichen, wird jedem Mann, Offizier wie Soldaten, ein Handproviant an Zwieback und Fleischkonserven für mindestens 2 Tage in den Brodsack mit= gegeben. Die Fleischkonserven, bestehend aus geräuchertem oder sonst zubereitetem Fleische, werden von Zeit zu Zeit aufgezehrt und durch neue Austheilungen ersetzt. Die Lebens= mittelkolonnen führen den Bedarf an lebendem Schlachtvieh mit sich, soweit solches auf der Operationslinie nicht er= hältlich ist.

Den Proviantkolonnen sind als Eskorte Verwaltungs= soldaten verschiedener Gewerbe zugetheilt, welche 4 Sektionen von circa 35 Mann bilden und welche zu jedem Wagen einen Mann stellen zur Aufsicht und Begleitung. Im Falle der Noth läßt man die Kolonnen durch Schützen, Infanterie oder Kavallerie begleiten, die extra hiezu kommandirt werden.

Die Wagen sind in der Regel mit 4 Pferden bespannt, alle mit wasserdichten Blachen, den nöthigen Ketten, Stricken und Handwerkzeug versehen. Sie werden so belastet, daß auf das Pferd höchstens 10 Zentner Last zu ziehen kommen, in der Regel nur 6—8; man soll auf guten Landstraßen in jeder Gangart fahren können. Die Lasten zu groß machen zu wollen, wäre eine schlechte Ersparniß, denn erstens könnte man nicht überall selbst auf Neben= und Karrwegen durch=

kommen und zweitens würden die Pferde über Gebühr angestrengt, sowie auch allfällig nöthig werdende raschere Gangarten nicht ausgeführt werden könnten. Man würde daher je nach Umständen mit den Ladungen zurückbleiben müssen, welche dann verloren wären, oder den Marsch über Gebühr verzögern und nicht rechtzeitig eintreffen können, was doch die Hauptsache ist.

Eine Proviantkolonne umfaßt folgende Mannschaften, die Eskorte inbegriffen:

4 Offiziere, 1 Pferdearzt; total 5 Offiziere.

1 Feldweibel, 1 Fourier, 4 Trainwachtmeister, 2 Wachtmeister zu Fuß, 8 Trainkorporale, 4 Korporale zu Fuß, 3 Spielleute, 68 Trainsoldaten, 33 Parksoldaten verschiedener Gewerbe, 2 Frater, 4 Köche, im Ganzen 130 Mann.

14 Reitpferde, 136 Zugpferde, 32 Lastwagen, 1 Küche, 1 Fourgon, 1 Gepäckwagen.

Auf je 2 Proviantkolonnen wird ein Arzt zugetheilt. Es ist gut, wenn noch einige überzählige Pferde zur Hand sind, indem dieser Stand genau dem Bedarf entspricht; es können sich jedoch diese Kolonnen gegebenen Falls vorübergehend gegenseitig aushelfen.

Verwaltung der Armee-Ausrüstung.

Nachdem wir in der Kriegsverwaltung die Organisation der eigentlich ambulanten Dienstzweige, wie Kriegszahlmeisterei, Transporte, Verpflegungswesen, durchgangen, haben wir noch Einiges über die Organisation der Heeresausrüstung, Bekleidung 2c. vorzubringen.

Die jetzige Einrichtung überließ die Herstellung und Magazinirung dieser Heeresbedürfnisse absolut den Kantonen; es bestanden daher auch in den Kantonen hierüber die ver-

schiedensten Verfahrungsarten. Die Kantonskriegskommissa=
riate und Zeugämter, welche in vielen Kantonen in Einer
Person vereinigt sind, waren die ausführenden Organe. Die
Ausrüstungsgegenstände wurden in der Regel in den kanto=
nalen Zeughäusern aufgehäuft, oft die Ausrüstung verschie=
dener Korps neben= und durcheinander. Bei einer Truppen=
aufstellung mußten nun alle Korps ihre Ausrüstung daselbst
fassen. Wie dieses Geschäft zugeht, weiß Jeder, der je dabei
zugegen war. Sind mehrere Korps zu gleicher Zeit aufge=
boten, so ist eine gräuliche Konfusion unvermeidlich. Eine
genaue Verifikation besonders des Zustandes der einzelnen
Stücke ist unmöglich. Es sind übrigens Leute genug, welche
finden, daß sei vollständig in der Ordnung, und je größer
das Gestürm, in um so schönerm Lichte zeigten sich unsere
über alles Lob erhabenen militärischen Einrichtungen.

Wir haben weiter oben eine hievon gänzlich abweichende
Methode angeführt, welche vielleicht geeignet ist, diejenigen
welschen und andern oberflächlichen Leute zu beruhigen, welche
glauben, wie es allen Anschein hat, daß bei einer Centrali=
sation des Militärwesens alles Kriegsmaterial auf einem
Punkt vereinigt werden soll. Im Gegentheil, uns ist die
Centralisirung des Kriegsmaterials, wie sie heute besteht,
nämlich in 25 Centren, viel zu groß; wir wollen eine Zer=
streuung des Kriegsmaterials über das ganze Land und die
ist sehr wohl möglich, trotz oder vielmehr wegen der Centra=
lisation. Wir haben bereits angeführt, daß wir eine größere
Geschlossenheit der taktischen und strategischen Einheiten als
dringendes Gebot der Nothwendigkeit erkennen. Jede dieser
Einheiten hat ein bestimmtes Hauptquartier, einen Besamm=
lungsplatz; dort wird untergebracht in geeigneten Lokalen und
unter der Aufsicht und Verantwortung der Korpsoffiziere und
ihrer Untergebenen Alles und Jedes, was zur feldmäßigen
Ausrüstung des Korps gehört. Jede Geniekompagnie, jede

Batterie, jedes Bataillon, jede Ambulance hat ein Magazin, in welchem sie Alles vorfinden, was sie zum Eintritt in den Felddienst nöthig haben. Diese Gegenstände sind seiner eigenen Verantwortlichkeit anvertraut, seine Offiziere und seine Angehörigen werden bestraft, wenn bei der Inspektion, die fleißig gemacht wird, Nachlässigkeiten und Lücken entdeckt werden.

Sie haben aber auch Pflicht und Kompetenz, dafür zu sorgen, daß sich Alles in gutem und feldtüchtigem Zustande befinde, daß abgenutzte Gegenstände umgewechselt und beschädigte ausgebessert werden. Da z. B. jeder Batterie, wie bekannt, Handwerker, Sattler, Wagner 2c. zugetheilt sind, so ist es in erster Linie Sache dieser Arbeiter, die nöthigen Reparaturen vorzunehmen. Sie werden dadurch viel gründlicher mit dem Material vertraut, als es in Schulen und Wiederholungskursen, wo sie meistens leider gar nicht beschäftigt werden, je der Fall sein wird. Diejenigen Arbeiten, welche ihrer Wichtigkeit halber nicht auf diese Weise erstellt werden können, werden in den Reparaturwerkstätten (Zeughäusern) gemacht; es wird in diesem Falle dem Korps ein Ersatzstück gegen Zustellung des beschädigten geliefert. Auf diese Weise wird jedes Korps stets im Besitze einer vollständigen Ausrüstung sein. Welche großen, unberechenbaren Vortheile diese Einrichtung bei einer Mobilisation haben wird, bedarf keines Nachweises; ist es doch in Deutschland besonders dieser Einrichtung und der durchaus territorialen Eintheilung der Armee zuzuschreiben, daß die Aufstellung einer so beträchtlichen Kriegsmacht mit einer so großen Präzision und Schnelligkeit vor sich ging, die alle Welt in Erstaunen setzte, wohingegen in Frankreich, wo die Magazinirung des Kriegsmaterials in einigen großen Centren, wie Metz, Straßburg, Paris, Toulon, Bourges 2c. stattfand, eine Konfusion ohne Ende beim Beginn des Krieges sich einstellte.

Man hat geschrieben und schreibt heute noch vielfältig mit fetten Lettern in die Welt hinaus, im vorigen Sommer seien unsere Truppen vollständig ausgerüstet an die Grenze gerückt. Es ist dieses durchaus nicht wahr und es ist Zeit, daß man einmal aufhöre, dergleichen Albernheiten stets und stets zu wiederholen. Man wird nur Leute damit täuschen, die nicht auf den Grund der Sache sehen. Die Rapporte des Generals, der Divisionäre, der Korpschefs 2c. zeihen alle übereinstimmend diese optimistischen Anschauungen des gänzlichen Irrthums. Wie soll man auch in's Feld rücken zu einer möglicherweise ernsthaften Aktion, wenn es unter Anderm gerade am Nothwendigsten, d. h. am Schießbedarf, auf die Weise fehlt, wie es thatsächlich der Fall war, der vielen andern ebenfalls fehlenden Feldbedürfnisse gar nicht zu erwähnen. Welche Verantwortlichkeit hätten unsere Militärbehörden tragen müssen, wenn es, wie es übrigens leicht möglich, sogar wahrscheinlich war, zu einem Zusammenstoß gekommen wäre. Denn logischerweise fragen wir uns, warum fand eine Truppenaufstellung statt, wenn diese Möglichkeit nicht vor Allem in's Auge gefaßt war.

Statt uns daher in die Brust zu werfen und unsere ausgezeichneten Einrichtungen prahlerischer Weise zu loben, thäten wir viel klüger, in aller Stille uns zu bescheiden und mit ernstlicher Arbeit und fester Anhandnahme der Wehrfrage radikale, den Erfordernissen der Zeit entsprechende Verbesserungen anzustreben.

Wie gesagt, würden außer den Korpsmagazinen noch fernere Magazine und Werkstätten nöthig sein. Wir benutzen die bisherigen kantonalen Zeughäuser, welche in entsprechender Weise den Divisionen zugetheilt werden, als Divisionszeughäuser, welche zunächst das Kriegsmaterial aus den Werkstätten in Empfang nehmen und im Laufe des sich zeigenden Bedarfes an die diversen Korps vertheilen. Für die Spe-

zialwaffen der Divisionen, des Genie, der Artillerie u. f. f.
werden in ähnlicher Weise ebenfalls Zeughäuser angelegt, in
welchen sich die zu diesen Branchen gehörenden Korps zu ver=
sehen haben. Den Zeughäusern sind vorgesetzt Zeughaus=
direktoren, welche in technischer Hinsicht von den Chefs der
Waffen, in administrativer zunächst vom Divisionskriegskom=
missär und dem Oberstkriegskommissär für die Ausrüstung
und Bekleidung Weisungen zu empfangen haben. Diese glei=
chen Amtsstellen nehmen auch die Revisionen und Inspek=
tionen vor, sowohl des in den Central=Zeughäusern als in
den Korpsmagazinen vorhandenen Materials.

Die Bekleidung, welche unbedingt vom Staate zu liefern
ist, wird in gleicher Weise wie die übrigen Ausrüstungs=
gegenstände behandelt; es geben die Korpsmagazine die Mittel
an die Hand, mißbräuchliche Benutzung von Militärkleidern
zum Civilgebrauche mit Erfolg zu verhindern. Man be=
fürchtet nämlich nicht ganz mit Unrecht, daß vom Staate
gratis gelieferte Bekleidungsgegenstände durch die Wehrmän=
ner auch außer dem Dienste getragen würden; es ist dieses
ein Argument, welches noch mit dem größten Anschein von
Begründetheit gegen die Ablieferung von Staats wegen und
ohne Kosten angeführt wird. Die Magazinirung der Aus=
rüstung und Bekleidung derjenigen Wehrmänner, welche sich
des in sie gesetzten Zutrauens unwürdig zeigen, ist dann
äußerst einfach und thunlich. Für Viele, welche als Dienst=
boten oder Knechte nicht einen festen Wohnsitz haben oder
doch ihre Sachen in ihren diversen Plätzen nicht gut unter=
bringen können, wäre deren Uebergabe an ein leicht erreich=
bares Korpsmagazin eine eigentliche Wohlthat.

Zu den diversen Arbeiten, welche für die Erstellung und
Instandhaltung der Ausrüstungsgegenstände nöthig sind, wer=
den außer den Arbeitern, welche den einzelnen Korps zuge=
theilt sind, Arbeitersektionen gebildet, welche theils ambulant

sind und den Felddivisionen angehören, oder aber in den ältern Jahrgängen in den Zeughäusern und Werkstätten beschäftigt werden. Die Sektionen sind organisirte Korps und durch Verwaltungsoffiziere geleitet.

Gesundheitsdienst der Armee.

Der Armee-Gesundheitsdienst wird in allen Armeen als ein Zweig der Armeeverwaltung betrachtet und theilt sich in zwei Hauptgruppen, nämlich den ärztlichen Theil, der den eigentlichen Heilzweck zu erreichen sucht, und den Verwaltungstheil, welcher den Aerzten die nöthigen Mittel an Geld und Material zur Verfügung stellen soll, welche zur Erzielung des Heilzweckes nöthig sind. An der Spitze dieses Gesundheitsdienstes steht in Frankreich und, wenn wir nicht irren, auch in Deutschland, ein Verwaltungsoffizier. Wir halten es für richtiger, einen Arzt an die Spitze desselben zu stellen, den Oberfeldarzt. Demselben sind untergeordnet zunächst ein Arzt, Inspektor für den ärztlichen Gesundheitsdienst, ein Apotheker, für den auf die Zubereitung der Arzneimittel und Verbandzeug bezüglichen Dienst; ein Inspektor und Dirigent des Ambulancen- und Spitalverwaltungsdienstes.

Den Korps sind Aerzte und Frater (Krankenwärter) zugetheilt und zwar auf 200—250 Mann 1 Arzt und 4 Krankenwärter.

Jeder Division wird eine Ambulance zugetheilt, bestehend aus 1 Chefarzt, 4 Oberärzten, 8 Assistenzärzten, 1 Chefapotheker, 2 Feldapotheker, 4 Apothekergehülfen, 100 Krankenwärter, 1 Verwaltungschef, 1 Adjunkt, 4 Ambulanceverwaltungsoffiziere, 4 Fouriere, 16 Unteroffiziere und Soldaten der Verpflegungstruppen, 34 Trainsoldaten. Total 180 Mann mit circa 100 Pferden.

Diese Divisions-Ambulance zerfällt in 4 Sektionen und kann nach Umständen vereinigt oder in Sektionen getheilt verwendet werden. Sie haben ein größeres Material an Krankenwagen und Fuhrwerken als bis dahin. Den Artillerie- und Kavallerie-Reservedivisionen, die circa ein Viertel des Effektivs einer Infanteriedivision ausmachen, wird je eine Sektion zugetheilt. — Es muß außerdem ein zahlreiches Personal für Feldspitäler, die der Armee nur etappenweise nachrücken, in Aussicht genommen werden.

Veterinairdienst.

Den einzelnen berittenen Korps sind die nöthigen Pferdeärzte zugetheilt und zwar auf circa 150 — 200 Pferde ein Pferdearzt. Jeder Division ist ein Divisionpferdearzt und demselben je nach Bedarf 5—6 Pferdeärzte beigegeben. Die Arzneimittel entheben sie theils aus den Feldapotheken, theils aus den Arzneikisten der Korps, unter Umständen, wie übrigens auch die Aerzte, aus den Civilapotheken der Standorte.

Pferderegie.

Wir haben in einem frühern Abschnitte über den Bedarf der Armee an Pferden, davon gesprochen, daß sich die Eidgenossenschaft genöthigt sehen werde, eine größere Anzahl Pferde zu halten als bis dahin, indem der Mangel an gut eingeführten Armeepferden ein außerordentlich großer sei, auch das System der Miethe, wie es bis dahin angewendet wurde, außerordentlich viel Nachtheile in sich schließe. Um nun in den Kauf und Verkauf, sowie in die Pflege und Wartung dieses Kriegsmaterials die nöthige Regelmäßigkeit und Ordnung zu bringen, werden in jeder Territorial-Division Offi-

…iere, Unteroffiziere und Soldaten mit der Besorgung dieses Dienstes betraut. Es werden dem entsprechend neun Pferde-Regieanstalten gegründet, eigentlich besser Remonte-Anstalten genannt, denen je ein Offizier der Kavallerie oder Artillerie vorsteht. Die Pferde würden im Laufe des Jahres zu allen Uebungen verwendet, welche der Unterricht der Truppe erfordert. Zu gleicher Zeit machen die Direktoren der Remonte-Anstalten die jährlichen Aufnahmen und Klassifikationen der Pferde in ihrem Divisionsbezirke und führen die daherigen Kontrollen. Eine fernere Aufgabe, welche den Remonte-Anstalten zufiele wäre die Heranziehung und Bildung brauchbarer Offiziersbedienter für die berittenen Offiziere. Wir sind in dieser Beziehung außerordentlich schlecht bestellt. Ueberhaupt sind die Bestimmungen des Reglements über die Offiziersbedienten, besser Offiziersbursche, außerordentlich mangelhaft und unklar. Dieselben sollten unbedingt Glieder der Armee sein, den berittenen Dienst und die Pferdewartung verstehen, sowie uniformirt sein. Die Handhabung von Disziplin und Ordnung ist bei der jetzigen Einrichtung auf keine Weise gesichert. Ebenso wenig der einzelne Offizier, der oft die größte Mühe hat, sich einen treuen ordentlichen Burschen zu verschaffen, der die Wartung und Sattlung der Pferde gehörig versteht, und im Stande ist, ihm zu Pferde zu folgen. Dem berittenen Offiziere legt die Nothwendigkeit einen Burschen zu haben, überdieß ziemliche Opfer auf, indem die reglementarische Vergütung kaum die Hälfte der Kosten beträgt, welche ihm verursacht werden. Es sind zudem über die Auslegung der einschlägigen Bestimmungen sehr diverse Ansichten geltend. Wir begnügen uns diesen Punkt nur kurz berührt zu haben.

Die Remonte-Anstalten wären unter der Leitung eines Pferderegie-Inspektors, welcher hinwieder Abtheilungschef im Central-Kriegskommissariat wäre und bei den Berathungen der centralen Armee-Verwaltungskommission Sitz und Stimme

hätte. Die Referate über alle den Pferdebedarf betreffenden
Maßnahmen und Beschlüsse wären zunächst seine Aufgabe.
Es stünde ihm zudem die Inspektion und Revision aller derjenigen Anstalten und Geschäfte zu, welche in dieses Ressort
gehören.

Von diesen Remonte-Anstalten versprechen wir uns endlich, falls sie von tüchtigen Sachkennern geleitet werden, in
hohem Maße Hebung der Pferdezucht im Inlande, welche im
Allgemeinen den Krebsgang geht, trotz der großen Kredite,
welche jeweilen für die Einfuhr von Zuchtpferden ausgeworfen
werden. Es würde uns zu weit führen und den zunächst-
liegenden Zweck überschreiten, wollten wir das Nähere aus-
einandersetzen, in welcher Weise diese Remonte-Anstalten zur
Hebung des allgemeinen Pferdeschlags beitragen könnten und
begnügen wir uns daher diese Seite der Frage nur angedeutet zu haben.

Rechtspflege.

Die Rechtspflege ist in allen Armeen ihrer Natur nach
ein Theil der Heeresverwaltung. Man ist ziemlich allgemein
darüber einverstanden, daß der bisherige Apparat nicht den
Anforderungen der Zeit entspricht. Ebenso wenig erfreuen
sich die Bestimmungen des Militär-Strafgesetzes der Aner-
kennung und des Zutrauens. Die ganze Anlage desselben,
sowie die Grundsätze und Strafen, werden übereinstimmend
als veraltet bezeichnet. Was an deren Stelle zu setzen sei,
in welcher Weise und auf welchen Grundlagen sich eine allfällige Reform zu bewegen hätte, darüber fehlen uns einst-
weilen alle nähern Angaben. Ohne uns in der Sache irgend
kompetent halten zu wollen, dürfen wir sie indessen doch nicht
todtschweigen.

Was allervorderst den Apparat anbetrifft, so halten wir die Anzahl der Justizbeamten für zu groß, wir glauben, daß wenn per Division ein Richter, Präsident des Gerichtshofes, ein Untersuchungsrichter (Auditor) und ein Gerichtsschreiber wäre, also drei ständige Gerichtspersonen, dieß für eine prompte und gerechte Justiz, an eigentlichem Rechtspersonal vollständig genügen würde. Das Prinzip des Geschwornengerichts für die Militärgerichtsbarkeit absolut verwerfen zu wollen, wie es von Vielen und gerade z, B. vom Generalstabschef in seinem interessanten Berichte über die Truppenaufstellungen 1870—1871 verlangt wird, glauben wir keineswegs im Sinne und Geist der modernen Rechtsanschauungen in Kriminalsachen, wie es ja meistens die militärischen Rechtsfälle sind. Die Jury hat so viele Vortheile vor einem ständigen Gerichte, und hat sich schon so in das schweizerische Volksbewußtsein eingelebt, daß wir kaum von derselben vollständig Umgang werden nehmen können. Sie vereinigt auch unzweifelhaft so viele Garantien prompter und gerechter Rechtsprechung, wie wir sie sonst in keinem andern Rechtsverfahren zu finden im Stande sind. Beseitigen wir daher soviel möglich die Mängel, welche diesem Systeme ankleben, vermindern wir z. B. die Zahl der Geschwornen von 12 auf 6, was uns genügend erscheint, lassen wir aber nach unserer Meinung das Prinzip des Geschwornengerichtes und der öffentlichen Schlußverhand= lungen unangetastet.

Dann möge sich einer unserer Herren Justizstabsoffiziere für das Vaterland aufopfern, und den Entwurf eines mili= tärischen Strafgesetzes ausarbeiten, welches mit den modernen Anschauungen auf weniger gespanntem Fuße lebt als das bisherige Gesetz. Wir haben z. B. gerade unter den bernischen Justizstabsoffizieren mehrere Männer, welche zu einer solchen Arbeit vollständig das Zeug und die Erfahrung haben würden. Mögen sie diese Anregung nicht gänzlich ungehört verhallen lassen.

Genie.

Zu der Organisation der Waffengattungen übergehend, kommen wir zunächst zu den Genietruppen.

Dieselben bestehen aus vier verschiedenen Korps, nämlich den Eisenbahnbaukorps, den Telegraphenbaukorps, den Sappeurs, den Pontoniers. Die neuern Kriege haben gezeigt, daß zahlreiche, wohl instruirte Genietruppen einer Armee zu glücklichen Erfolgen absolut nöthig sind. In der Schweiz ist es beim absoluten Mangel an Festungen und Festungswerken von besonders hohem Werthe, daß passagere Vertheidigungswerke rasch und gut aufgeworfen werden können.

Es ist daher geboten, die Sappeurs als eigentliche Schanzbausoldaten entsprechend zu vermehren, wie dieß vom General sowohl als vom Geniekommando verlangt wird. Wir haben deßhalb bei unsern Berechnungen auf diesen Umstand in der Weise Rücksicht genommen, daß statt einer Geniekompagnie sechs auf die Felddivision kommen, welche ein Sappeurbataillon bilden. Es besteht zur Hälfte aus Auszugs- und zur Hälfte aus Reservemannschaft. Es ist dadurch die Möglichkeit gegeben, jeder Infanteriebrigade, falls sie isolirt auftreten soll, oder zur Erfüllung einer besondern Aufgabe bestimmt wird, wenigstens eine Geniekompagnie beizugeben. Die Geniekompagnie zählt 120 bis 130 Mann, das Bataillon wäre folglich gleich stark wie ein Infanteriebataillon.

Die Sappeurs können übrigens, da sie wie die Infanterie bewaffnet sind, unter Umständen am Kampfe eben so gut theilnehmen. Ihre eigentliche Aufgabe liegt indessen in der Anlage von Schanzwerken, Thalsperren, im Batteriebau, in rascher Aufwerfung von Schutzwällen zur gesicherten Aufstellung von Schützen- und Infanteriedetaschementen, ferner in Herstellung von Straßen und Verbindungsmitteln. Die Sappeurs, die den Bataillonen zugetheilt sind, müssen, falls

reeller Nutzen aus denselben gezogen werden will, mindestens verdoppelt und unter das Kommando eines speziell hiefür geeigneten Offiziers gestellt werden. Bei einer Vermehrung der Sappeurkompagnien auf die angegebene Stärke bleibt indessen die Nothwendigkeit der Bataillonszimmerleute fernerer Untersuchung gerne vorbehalten.

Es sollte dafür gesorgt werden, daß die Sappeurs auch eigentliche Festungswerke, Kasematten, Batterien 2c. zu sehen bekommen. Diese Dinge sind ihnen in der Hauptsache nur dem Namen nach bekannt, und die Miniatur=Poligone auf dem Exerzirfelde, die sie jeweilen aufzuwerfen haben, sind kaum geeignet, ihnen einen klaren Begriff von der Sache beizubringen.

Die Aufgabe der Eisenbahnbau= und Telegraphenbaukorps geht aus ihrem Namen hervor; sie bedürfen indessen, wie schon angeführt, einer schon im Frieden wohlgetroffenen Organisation. Ein Theil dieser Korps wird den Divisionen zugetheilt, der andere zu einem Reservekorps vereinigt, und wird dasselbe durch das Oberkommando des Genie, resp. den Eisenbahndirektor oder Telegraphenbaudirektor in zweckdienlicher Weise da benutzt, wo dessen Dienstleistungen am nöthigsten sind.

Zum Behuf des Brückenschlagens werden Pontonierkompagnien wie bis dahin benutzt. Sie können den Armeekorps zugetheilt oder aber auch als Geniereserve zurückbehalten werden, um je nach Umständen verwendet zu werden.

Wir würden fünf Kompagnien im Auszug und fünf in der Reserve zu bilden suchen, falls sich hiefür die nöthigen Elemente vorfinden; es können in diesem Falle jedem Armeekorps zwei Kompagnien, eine im Auszug und eine in der Reserve, zugetheilt und außerdem noch zwei Pontonierkompagnien zur Verfügung des Geniekommando's, resp. Generals, zurückbehalten werden.

Den Pontoniers werden Ponton-Trainkompagnien zur Verführung ihres Brückenmaterials zugetheilt, und formiren wir hiefür entsprechend die nöthigen Trainmannschaften, die zu gleicher Zeit mit dem speziellen Brückenmaterial bekannt gemacht und gehörig eingeübt werden; die hiefür nöthigen Mannschaften finden wir in den 2000 Mann, welche wir für die Geniereserve des Auszugs und der Reserve vorgesehen haben, es würden dann für die 10 Pontonkompagnien zu 120 Mann 1200 Mann und für die Trainkompagnien, Verpflegungsmannschaften 2c. der Rest von 800 Mann verbraucht.

In der Armee-Eintheilung stehen die Pontonierkompagnien in der Regel unter dem Geniekommando und werden im ganzen Gebiete der Eidgenossenschaft rekrutirt. Das Material wird an verschiedenen geeigneten Orten untergebracht und steht unter unmittelbarer Aufsicht der Korpsoffiziere, wie weiter oben betreffs der Ausrüstung ausgeführt wurde.

Die Fuhrwerke der diversen Genietruppen sollen in entsprechender Weise mit Trainpferden bespannt werden; es bedarf z. B. eine Sappeurkompagnie zum Transport von 2 Rüstwagen je 4 Pferde, eines Gepäck- und Lebensmittelwagens 2 Pferde, einer fahrenden Küche 2 Pferde, gleich 12 Pferde, 5 Trainsoldaten und 1 Traingefreiter, hiezu noch 1—2 Reitpferde. Total 13—14 Pferde.

Die Eisenbahnbaukompagnien und die Telegraphenbaukompagnien werden in ähnlicher Weise ausgerüstet wie die Sappeurkompagnien.

Das Allgemeine der Aufgabe des Genie's betreffend, können wir nicht umhin, auf die große Wichtigkeit richtig angelegter und wohl placirter Befestigungswerke aufmerksam zu machen. Unsere Grenzen würden bei Konflikten der Nachbarn mit einem weit geringern Aufwand von Mannschaft gewahrt werden können, wenn alle größern einmündenden Straßen oder Straßenkreuzungen an der richtig ausgewählten

Stelle durch ein oder mehrere Forts gesperrt werden könnten. Unsere Berge werden uns nur dann von Nutzen sein, wenn wir sie zu benutzen verstehen. Bis dato haben wir nichts gethan in dieser Beziehung. Es wäre hiebei vortreffliche Gelegenheit, unsere Genietruppen praktisch zu unterrichten, und werden die Terrains wenig kosten, da die Anlagen meistens Gebirgsgegenden ohne kultivirtes Land, nämlich Weiden oder Forsten, betreffen würden.

Die Wichtigkeit dieser Angelegenheit wurde uns besonders klar diesen Winter, als zu allen Löchern unserer Westgrenze große und kleine Detaschemente Franzosen ihren Einzug hielten.

Vergessen wir zudem nicht, daß eine Milizarmee im freien Felde auch bei allem Muthe einer gleich starken stehenden Armee in vielen Punkten nachsteht, hatten doch in Frankreich, in den ersten, obgleich siegreichen Schlachten, die Preußen mehr Todte und Verwundete als die Franzosen, während später, als sie den frisch eingeübten Truppen gegenüber standen, das Verhältniß der Verluste sich auf eine erschreckende Weise zu Ungunsten der Franzosen wendete.

Die Frage des Werthes von Festungen und Festungswerken ist eine viel debattirte, und maßen wir uns nicht an, in dieser Beziehung ein absolutes Urtheil abzugeben. Unzweifelhaft aber ist es, daß von vielen, sonst ganz tüchtigen Offizieren diese Frage gänzlich falsch beurtheilt wird. Es läßt sich zwar nicht bestreiten, daß Festungen und Festungswerke nicht immer denjenigen Nutzen für die Vertheidigung gewährt haben, welchen man vielleicht unter Umständen hätte daraus ziehen können.

Sie sind eben nur todte Instrumente, welche in einer ungeschickten Hand nichts leisten; wo hingegen eine geniale Benutzung dieser Vertheidigungsmittel par excellence in hohem Grade den Angriffskrieg erschwert und den Angreifer zu

Opfern an Zeit, Geld und Menschenkräften zwingt, welche ihm die Erzielung des Objektes nicht im Verhältniß zu den aufgewendeten Mitteln erscheinen läßt.

Außer den Grenzbefestigungen liegt auch die Frage der Befestigung von Städten und Centren nahe. Wir zweifeln nicht, daß diese Frage reiflicher Ueberlegung bedarf, glauben aber, daß bei Durchführung eines rationellen Vertheidigungs= systems diese Frage bejahend beantwortet werden muß. Wir denken hiebei nicht daran, irgend welche Stadt mit Wall und Graben unmittelbar zu umgeben. Wir fassen in diesem Falle die Krönung der umgebenden Höhen mit vorgeschobenen Wer= ken in's Auge, welche dem Angreifer die Annäherung er= schweren und in coupirtem Terrain eine Cernirung unmög= lich zu machen ganz geeignet sind. Wir verweisen übrigens auf den Bericht des Generalstabschefs, Hrn. Oberst Paravi= cini, der auf Seite 11 ähnlichen Gedanken Ausdruck gibt.

Es kommt aber in Frage, ob die Schweiz auch wirklich gewillt ist, ihre Unabhängigkeit mit allen Mitteln und bis auf's Aeußerste zu wahren; ist dieses der Fall, so muß un= bedingt und allen Ernstes diese Befestigungsfrage studirt und energisch an die Hand genommen werden. Gedenkt man aber die Vertheidigung nur ehrenhalber zu führen, mit An= stand zu kapituliren, so thut man besser, überhaupt mit allen Deklamationen aufzuhören und mit der Dekretirung unbe= dingter Kredite bei Ausbruch einer Konflagration keinen Hum= bug mehr zu treiben; denn es ist jeweilen zu spät, irgend etwas Ersprießliches zu leisten und bleibt das Ganze Stümperei.

Kavallerie.

Wir haben uns zuletzt mit dem Genie beschäftigt und hervorgehoben, daß eine bedeutende Vermehrung der Genie=

truppen beim heutigen Kriege ein absolutes Gebot der Noth=
wendigkeit sei. Die gleiche Nöthigung besteht auch für die
berittenen Truppen. In einem unserer ersten Artikel suchten
wir nachzuweisen, daß die Anzahl unserer Kavallerie in gar
keinem Verhältniß zur Anzahl unserer übrigen Truppen steht
und daß wir bald genug den größten Nachtheil von diesem
Mißverhältnisse haben würden. Unsere Kavallerieverhältnisse
sind auf einem Punkte angelangt, wo man endlich die Posi=
tion von vorne angreifen und überhaupt das ganze System
über den Haufen werfen muß.

Was haben wir jetzt im Grunde an unserer Kaval=
lerie? Eine Art Ritterthum derjenigen Herren und Grund=
besitzer, welche durch den zufälligen Besitz von Geld und Gü=
tern und eines oder mehrerer Pferde in den Stand gesetzt
sind, sich auf ihre Kosten beritten zu machen und dem Staate
gratis oder gegen eine ungenügende Entschädigung ein Pferd
zur Verfügung zu stellen. Ob sie geistig und körperlich zum
Reiterdienste tauglich sind, ist gänzlich Nebensache. Bei der
Aufnahme des Rekruten wird zuerst darauf gesehen, daß das
Pferd genügen kann, hernach auf den Reiter.

Weil übrigens die Rekrutirung sehr mühsam von statten
geht und z. B. an dem reglementarischen Bestande von 18
Dragonerkompagnien, welche voriges Jahr ihren Wieder=
holungskurs abhielten, 240 Mann fehlten, so ist man ge=
nöthigt, auch sogenannte Kloben anzunehmen, welche sich zum
leichten Kavalleriedienst gar nicht eignen. Dazu werden die
Pferde zu Hause meist nicht etwa nur zum leichten Fahr=
dienst, sondern zum schweren Zuge verwendet und vor den
Pflug gespannt. Wo dann das Feuer und die Beweglichkeit
herkommen soll, welche ein richtiges Kavalleriepferd unbedingt
bedarf, ist uns gänzlich unbekannt.

Eben so unverständig verfährt man bei der Instruktion.
Die weitaus größte Mehrzahl unserer Kavallerierekruten hat

nie reiten gelernt, bevor sie in einen Kavallerie-Rekrutenkurs kommandirt wurden. Sie bringen ein rohes, ebenso unge=übtes Pferd mit sich, welches weder Zügel= noch Schenkel=hülfe versteht. Nun soll ein solcher Rekrut, der selbst nicht reiten kann, sein Pferd dressiren, was doch bekanntlich ganz geübten und gewiegten Reitern manchen sauren Schweiß abringt.

Es ist eine bekannte Thatsache und von allen Reitern anerkannt, daß man das Reiten nur auf durchaus geschulten und dressirten Pferden lernt, daß man es nur lernt, wenn man verschiedene Pferde reitet. Von allem dem keine Ahnung und keine Spur in unserer militärischen Reiterei, wie sie in den Kavallerieschulen betrieben wird. Ist es zu verwundern, wenn vielseitig der Ruf nach Reformen erschallt?

Führen wir an, was einer unserer besten Reiteroffiziere und militärischer Reitlehrer in dieser Beziehung sagt: In den wenigen Wochen, die der Rekruteninstruktion gewidmet wer=den können, soll der junge, ungeübte Rekrut auf seinem von der Weide gebrachten rohen Pferde zu einem geschmeidigen leichten Kavalleristen herangebildet werden. Alle Regeln der Reitkunst werden ihm durch den Instruktor gewissenhaft mit=getheilt, aber mit welchem Erfolg? Er sitzt auf einem Pferde, das selbst durch Sattel und Gurten belästigt, in die vier Mauern eingeengt, ängstlich, ohne Haltung und Gang, steif in allen Theilen herumgeht, ohne zu wissen, was man von ihm verlangt. Keine Hülfen werden vom Pferde verstanden, und trotz allen schönen Theorien des Lehrers macht das Pferd vom Verlangten gerade das Gegentheil. Welche Be=griffe von Reiterei muß da der angehende Kavallerist erhalten? Wie soll Lust und Freude zur Waffe geweckt werden, wenn immer neue Schwierigkeiten entstehen und man stets auf Un=möglichkeiten stößt? Und wage es ja der Instruktor nicht, dem Rekruten das Verlangte vormachen zu wollen, das Pferd versteht ihn nicht und er würde sich sicher blamiren.

Und nun dieses junge, in seinen Anlagen gute und un=
verdorbene Pferd soll lernen, auf den leisesten Zügelanzug
oder Druck der Waden den Willen des Reiters sogleich zu
erkennen, während derselbe bei jeder Gelegenheit unwillkürlich
mit seinem ganzen Gewicht an den Zügeln in's Maul des
Pferdes hängt oder sich mit Waden und Sporren krampfhaft
an die Flanken anklammert, um sich vor dem nahen Sturze
zu retten. Wo ist da die Belehrung des Pferdes? die Aus=
bildung des Gefühls in Maul und Flanken für Zügel und
Schenkel? die Sprache des Reiters mit dem Pferde?

Das Militärpferd muß an unbedingten Gehorsam ge=
wöhnt, eine willenlose Maschine des Reiters werden, und bei
jeder Widersetzlichkeit ist die Angst des ungeübten Rekruten
vor einem möglichen Sturze größer, als der Respekt des
Pferdes, denn es besitzt die Gewißheit, falls er ihm unbe=
quem wird, den Reiter mit dem ersten besten Sprung in den
Sand zu werfen.

Wem gibt man dann den Vorwurf bei vorkommenden
Unglücksfällen? Welcher Sachverständige wundert sich noch
über die vielen stetigen, widersetzlichen und gänzlich verdorbenen
Pferde? Und woher rühren die Abschatzungssummen von
jährlich über Fr. 35,000 nur von Kavallerieschulen?

Berühren wir die Remontekurse, in welchen freilich schon
gelernte Dragoner oder Guiden, eigentliche Reiter kann man
sie noch nicht nennen, in 10 Tagen neu angeschaffte Pferde
zureiten sollen. Eine solche Zumuthung ist geradezu lächer=
lich, denn es brauchen hiezu Männer von Fach in der Regel
eben so viele Wochen.

Was kann auf diese Weise Gutes herauskommen? Wir
wünschen daher vor Allem aus, daß zum Unterricht der Ka=
valleriereSkruten nur dressirte Pferde zugelassen werden, und
daß zweitens zur Dressur der Pferde tüchtige Bereiter heran=
gezogen und eine entsprechende Zeit hierauf verwendet werde.

Zu der taktischen Aufgabe der Kavallerie übergehend, so hat man im letzten Feldzug in Frankreich die große Wichtigkeit einer zahlreichen, wohl berittenen Kavallerie neuerdings erkennen gelernt; freilich machten die Preußen keine Linien- und Kolonnenangriffe in großen Massen, wie sie zur Zeit der napoleonischen Feldzüge so beliebt waren. Sie riskirten nicht, auf eine solche Weise ihre Reiterkorps vollständig zu vernichten, wie dieß zur Zeit des Krimkrieges von Seite der Engländer unter Lord Carignan und neuerdings bei Wörth durch die Franzosen geschah, wo sozusagen kein Reiter und kein Pferd unverletzt aus dem Kesseltreiben herauskamen, obgleich sie nicht einmal so weit an den Feind herankommen konnten, um nur einen einzigen nützlichen Säbelhieb anzubringen. Nein, zu solchen Narrheiten ließen sie sich nicht verführen.

Statt wie bis dahin die Kavallerie größtentheils in Reservestellung zu behalten, nahmen sie dieselbe im Gegentheil in's vorderste Treffen und sandten sie, als Plänkler aufgelöst, mit leichter Artillerie zur Rekognoszirung des Feindes voraus. Die ganze preußische Armee war gewissermaßen hinter einem Vorhange Kavallerie verborgen, dessen äußerste Spitzen oft mehrere Tagreisen vom Gros entfernt waren. Freilich fielen viele Uhlanen, die sich in diesem Kriege besonders hervorgethan haben, da und dort in Hinterhalte; allein weil stets eine Anzahl zusammen war und sie gut Fühlung behielten, so ließ denn auch die Rache dafür, in Gestalt verbrannter Dörfer und füsilirter Bauern, nie lange auf sich warten. Die preußische Armee war stets auf's Beste über jede Bewegung des Feindes unterrichtet und konnte sofort mit überlegenen Kräften an den bedrohten Punkten auftreten, dem gegenüber auf französischer Seite stets Tappen im Finstern, Ueberrumpelungen und stete Niederlagen. Hauptsächlich wegen Mangel an Kavallerie und wegen gänzlicher Unkenntniß dieselbe auf taktisch richtige Weise zu verwenden.

Es will nun behauptet werden, wir hätten in unserm Lande von fremder Kavallerie wenig zu fürchten, folglich könne die unsere auch wenig leisten und sei immer noch zahlreich genug. Diese Leute würden sich arg enttäuscht sehen und sich gegentheils baldigst überzeugen, daß eine feindliche Kavallerie allerhand Parforcetouren auszuführen im Stande sein würde. Freilich setzen derselben einige Wassergraben, Hecken, Häge u. dgl. keine unübersteiglichen Hindernisse entgegen, wie dieß bei der unsern leider der Fall ist. Wie es übrigens auch nicht anders zu erwarten steht, da wir nicht wüßten, woher unsere Pferde und Reiter das Zeug dazu herhaben sollten. Es mangelt uns sozusagen gänzlich das leichte Kavalleriepferd, sog. Husaren= oder Uhlanenpferd, und können unsere Freiberger=, Emmenthaler= und übrigen Karrgäule in einer Rekrutenschule nicht zu Reitpferden gestempelt werden, wozu ihnen die meisten Requisite im Bau des Leibes und der Glieder von vorneherein fehlen.

Für die angeführte taktische Aufgabe der Reiterei, nämlich Kundschafter= und Sicherheitsdienst, braucht es dann eine andere Waffe als den Pallasch, welchen die meisten unserer Reiter nur zur Parade zu führen wissen. Mit der Reiterpistole, die sie bis dahin hatten, konnte man nöthigenfalls auf zehn Schritte ein Haus treffen. Ein Mehreres war reiner Zufall. Endlich hat man eingesehen, daß dieß keine Bewaffnung, sondern eine Entwaffnung ist, und hat den Repetir=karabiner beschlossen, welcher Neuerung wir schon seit Jahren entgegensahen. Es hat auch nicht übel Mühe gekostet, bis die Sache durchgesetzt war, die dümmsten Einwände waren zu widerlegen. Haben wir doch selbst vor einigen Jahren einen hochstehenden Militär, der früher Oberinstruktor der Artillerie gewesen war, mit den wegwerfendsten Ausdrücken von diesen Bestrebungen reden hören; derselbe rühmte sich ungenirt, in einer dennzumaligen Budgetberathung Alles angewendet zu haben, um zur Streichung eines Kredites für Kavalleriefeuerwaffen beizutragen. Derselbe Offizier thut heute noch Alles, um in andern Dienstzweigen zeit= und sachge= mäße Fortschritte zu hintertreiben, ob aus Eigensinn oder aus Dummheit, lassen wir dahingestellt. Wäre es nicht auch endlich am Platze, dergleichen ausgelebte Größen, welche nicht hören, was es geschlagen hat, zu pensioniren? Gern stimm= ten wir dafür, einen eigenen Fond extra dafür zu bezeichnen. Es wären dieß für den Staat Opfer, die sich rasch und mit Zinsen zurückzahlen würden.

Die Beschaffung der Pferde der Kavallerie betreffend glauben wir, der Bund sollte ein anderes Verfahren ein= schlagen, als bis dahin. Wir haben schon früher das Sy= stem der Pferdeaushebung für Kriegszwecke empfohlen; außer= dem sollte die Eidgenossenschaft eine größere Menge tauglicher Kavalleriepferde anschaffen, dieselben zur Remonte der Ka= vallerie und zum Unterrichte derselben benutzen. Will man zum Theil oder ganz am Systeme festhalten, daß der Reiter sein Pferd selbst stellen muß, was wir zwar als einen Grund= fehler unseres Systems betrachten, so soll ihm wenigstens von Staats wegen und durch das Organ der Pferderegieanstalten der Weg dazu geebnet werden, gute, dressirte und dienst= taugliche Pferde zu billigem Preise und in den besten Jahren anzukaufen. Es ließe sich dieses Verfahren mit ausgezeich= netem Erfolge durchführen und würde man auch andern Waffengattungen, besonders den berittenen Offizieren, auf ähnliche Weise gute Dienste zu leisten im Stande sein. Bei dem Mangel an guten Stütereien im Lande und bei der Nothwendigkeit, alle bessern Pferde aus dem Auslande zu beziehen, würde auf diesem Wege vielleicht auch der Pferde= zucht ein neuer Aufschwung gegeben und unsern berittenen Dienstpflichtigen außerordentliche Geldopfer erspart werden können. Bei der Abzahlung der Pferde könnten den Reitern gewisse Erleichterungen gewährt werden, welche besser als alle Prämien und dergleichen künstliche Mittel, wie auch Verkürzung der Dienstzeit, die ein absolut negatives Resultat ergibt, zu einer zahlreichen Rekrutirung führen würden.

Die Kavallerie zerfällt in zwei Hauptgruppen, nämlich die Dragoner, welche reitende Jäger sein sollen und, mit einem guten Repetirkarabiner versehen, auch werden können. Dieselben haben die taktische Aufgabe der Kavallerie auf dem Marsch und im Gefecht zu erfüllen.

Zweitens die Guiden und die Gensdarmerie, von welcher die ersteren zum berittenen Ordonnanzdienste und die zweiten zur Aufrechterhaltung der Ordnung und Disziplin zu verwenden sind.

Die Dragoner würden zunächst in Schwadronen formirt, unsere Kompagnie von 72 Mann ist offenbar zu klein, davon sind oft 4 Offiziere und 6 Trompeter. Vereinigt man zwei Kompagnien zu einer Schwadron, welches die taktische Einheit der Waffe ist, so sind 7—8 Offiziere für 150 Mann, davon zwei Hauptleute. Es ist dieß eine eigentliche Verschwendung.

Der Entwurf Welti will die Schwadron auf 100 Reiter fixiren, weil dieß unsere Kulturverhältnisse und die neuen Waffen verlangen. Wir können uns dieser Ansicht nicht anschließen. Eine Eskadron von 100 Pferden ist offenbar zu klein, um irgend, selbst in einem kleinern Lokalgefechte, selbstständig auftreten zu können. Alle Armeen ohne Ausnahme haben Eskadronen von 150 Reitern, welche eine Aufstellung in 4 Treffen erlauben. Jedes dieser 4 Treffen (Züge) bestände aus 32—34 Mann. Es wäre dieß eine weit richtigere Formation, als die in 3 Pelotons, resp. 3 Treffen ist. Es hat überhaupt die Dreizahl in der taktischen Anwendung nicht so günstige Erfahrungen für sich, daß sich eine allgemeine Anwendung derselben in unserer Armee rechtfertigen könnte.

Die Eskabron hat entsprechend 4 Offiziere und 3 bis 4 Trompeter. Drei solcher Eskadronen bilden ein Dragoner=regiment von 450 Mann. Das hat dann schon eine ganz ordentliche Musik. Es sind je zwei Dragonerregimenter, wo=von eines vom Auszuge und eines von der Reserve, der Feldbivision von 20,000 Mann zuzutheilen. Vorderhand und in den nächsten Jahren werden wir es freilich schon als großen Fortschritt begrüßen können, wenn es gelingt, nur ein Reiterregiment der Division zu verschaffen. Früher waren zwei Kompagnien, nunmehr drei derselben bereits beigegeben, es ist dieses absolut zu wenig. Man soll jeder Infanterie=brigade nöthigenfalls eine Schwadron Kavallerie zutheilen können, was bis dahin unmöglich war. Es gab indessen bei der letzten Grenzbesetzung Brigadekommandanten, die, als man ihnen Kavallerie zutheilen wollte, sich dagegen wehrten mit dem Ausspruche, sie wüßten nicht, was damit thun. Für beide Theile war es in diesem Falle besser, wenn sie nicht zusammen kamen. Ein Divisionsoberst hatte sogar seine Ka=vallerie gänzlich verloren, er wußte buchstäblich nicht, wo sie hingekommen war.

Für die Bildung von Reiterregimentern sprechen alle Gründe, welche für die Vereinigung von Schützen= und In=fanteriekompagnien zu Bataillonen sprechen. Es sind die=selben bei verschiedenen Anlässen in der Presse besprochen worden; wir brauchen darauf nicht zurückzukommen, und wenn die Sache auch für die Reiterei neu ist und der Name Regiment in unserer Armee sonst nicht gebräuchlich, so glau=ben wir doch, daß, einmal eingeführt, man sich rasch damit befreunden wird.

Außer den Reiterregimentern, welche den Divisionen zu=getheilt sind, müssen wir noch eine Anzahl unabhängiger Reiterbrigaden haben, deren Aufgabe ist, den eigentlichen Kundschafterdienst für die Armee zu besorgen. Man theilt

ihnen je einige leichte Batterien zu und verwendet sie in
ähnlicher Weise, wie dieß die deutsche Armee in Frankreich
gemacht hat. Einzig und allein, falls uns gelingt, unsere
Kavallerie zu einem solchen Dienste zu erziehen und sie dafür
zweckmäßig auszurüsten, werden wir auch aus den andern
Waffen den entsprechenden Nutzen ziehen, und wird die Ar=
mee ein Ensemble bilden, während sie bis dahin nur eine
Conglomeration verschiedener Korps genannt werden konnte.

Artillerie.

Die Organisation der Feldbatterien hat im Großen und
Ganzen zu keinen Ausstellungen Veranlassung gegeben. Was
zunächst aber zu erreichen ist, scheint uns für die bestehenden
Batterien eine viel sorgfältigere Auswahl der Reit= und Zug=
pferde derselben, welche erzielt werden kann, wenn die Of=
fiziere der Batterien mit maßgebender Stimme bei der Aus=
wahl der Pferde mitzuwirken haben.

Eine Frage von hoher Wichtigkeit, und durch den letzten
Krieg brennend geworden, ist die Umänderung der Vorder=
laderkanonen in Hinterlader. Die gute Meinung, welche viele
unserer Artilleristen noch von gezogenen Vorderladern hegten,
ist durch die Erfahrungen des letzten Krieges gänzlich er=
schüttert worden, und verlangen dieselben schleunige Anhand=
nahme der Umänderung. Es ist auch erwiesen, daß die fran=
zösischen Kanonen, von ähnlichem Systeme wie unsere Vorder=
lader, nirgends einer gleichen Anzahl preußischer Hinterla=
dungskanonen Stand halten konnten. Es wäre fatal, wenn
uns ein Feldzug im Besitze von Material finden würde,
welches unzweifelhaft nicht mehr auf der Höhe der Zeit steht.

Eine andere eben so wichtige Sache ist die Frage der
Anwendung des Zeitzünders oder des Perkussionszünders bei

der Sprengladung der Artilleriegeschoffe. Die Franzosen haben den Zeitzünder, der sich aber in keiner Weise bewährte, die Preußen den Perkussionszünder in Anwendung gebracht. Der erstere zeigte sich dem zweiten nicht gewachsen. Es ist daher auch passend, diesen Gegenstand reiflicher Prüfung zu unterwerfen, um so mehr, da man sich bereits im Prinzip für den Zeitzünder ausgesprochen zu haben scheint, indem man einen sehr bedeutenden Preis auf das beste Modell hiefür ausgesetzt hat.

Wir begnügen uns, diese speziell artilleristischen Fragen nur angedeutet zu haben. Die Vermehrung des Artilleriematerials und Personals ist als absolute Nothwendigkeit bereits zugegeben und theilweise in Vorbereitung begriffen. Wir möchten statt vier Batterien per Division deren wenigstens sechs sehen. Dieselben würden in zwei Artillerieregimenter von je drei Batterien vereinigt, wovon eines Auszug und das andere der Reserve-Altersklasse angehört.

Eine ziemlich bedeutende Artillerie würde zur selbstständigen Verwendung dieser Waffe, hauptsächlich in Verbindung mit Kavallerie, als selbstständiges Korps, zu Artilleriedivisionen, welche in Regimenter und Brigaden zerfallen, vereinigt.

Zur Artilleriebedeckung zieht man in unserer Armee meistens Fußtruppen herbei. Es scheint uns dieses fehlerhaft. Die Infanterie oder die Schützen sind nicht im Stande, einer manövrirenden Batterie zu folgen, und ist dieselbe, falls sie auf ihre Bedeckungsmannschaft achten will, in ihren Bewegungen gänzlich gehemmt. Wir würden den Artilleristen, oder wenigstens einem erheblichen Theil derselben, lieber einen leichten Karabiner, Reiter-Repetirkarabiner, in die Hand drücken, um bei allfälligen Ueberraschungen einem Angriff von Hand begegnen zu können. Der kurze Säbel, den der Artillerist trägt, ist so wie so von keinem Nutzen. In der

Hauptsache aber würden wir die Artillerie durch Kavallerie bedecken lassen. Diese beiden Waffen gehören in viel höherem Maße zusammen, als dieß bei uns angenommen werden will. Sie sind es, welche die Gesechte einleiten, durch ihr Auftreten im richtigen Momente und Orte entscheiden und die Verfolgung des Feindes am wirksamsten betreiben können. Alles, wohlverstanden, nur wenn sie in gehöriger Weise durch die Infanteriemassen unterstützt und sekundirt sind und in zweckentsprechender Weise geführt und verwendet werden.

Die Zahl der Mannschaften bei der Feldbatterie ist ausreichend: 175 bis 185 Mann.

Die Zahl der Pferde muß erhöht werden, es müssen sich einige überzählige Pferde vorfinden, sonst hört die Manövrirfähigkeit der Batterie bald auf. Ferner soll die Batterie in ihrem Bestande alle Wagen und Pferde haben, welche zu ihrem Haushalte nöthig sind. Es sind daher noch jeder derselben je ein Küchenwagen und zwei Proviantwagen mit im Fernern sechs Pferden zuzutheilen. Wir berechnen somit den Bestand der Batterie an Pferden statt auf 104 zu 115 Pferden.

Die Gebirgsbatterien würden zur Verwendung im Hochgebirge beibehalten und können dieselben berufen sein, unter Umständen gute Dienste zu leisten.

Die Positionsartillerie soll nach unserm Projekte durch die Landwehr besorgt werden. Es ist dafür zu sorgen, daß sich diese Stücke am Orte ihrer Verwendung vorfinden, ohne lange Hin- und Herreisen, zu welchen in der Regel keine Zeit mehr übrig bleibt. Es sollten auch die Artilleriemannschaften, so viel thunlich, gerade am Orte ihrer Verwendung auf ihre Stücke eingeübt werden, damit sie die Distanzen u. s. w. schon bereits in den Friedensübungen inne werden. Dazu bedarf es freilich, wie schon angeführt, der Erstellung zweckentsprechender Befestigungswerke an den geeigneten Orten,

— gebieterische Forderung der Zeit, der wir uns nicht entschlagen können, falls es uns mit der Wahrung unserer Selbstständigkeit wirklich ernst ist.

Scharfschützen.

Ueber Ausrüstung, Bewaffnung und taktische Ausbildung der Schützen sind in der letzten Grenzbesetzung wenig Klagen laut geworden. Die Vereinigung von vier Kompagnien zu einem Schützenbataillon, welches einen Bataillonsstab erhält, ist zweckmäßig und entspricht einem schon längst gefühlten Bedürfnisse.

In den meisten Armeen sind die Schützenbataillone an Zahl kleiner als die Infanteriebataillone. Jeder einzelne Schütze zählt vermöge seiner größern intellektuellen Bildung und seiner bessern Armirung verhältnißmäßig mehr als ein Infanterist. Um diese Vorzüge geltend machen zu können, dürfen die Truppenkörper nicht zu groß sein, sie müssen gegentheils nur eine geringe Stärke besitzen, aber äußerst beweglich sein. Es ist dieß bei Kompagnien von 110, höchstens 120 Mann der Fall. Die Vereinigung von vier Kompagnien, statt sechs, zu einem Bataillon entspricht in allen Theilen besser den Gefechtsmomenten und erlaubt eine richtigere taktische Verwendung. Ein Viertel der Mannschaft, somit eine Kompagnie, eröffnet das Gefecht, zwei Kompagnien bilden das Centrum, die vierte die Reserve oder Nachhut. Die ganze Aufstellung ist möglichst klar, einfach und greift richtig in einander.

Im Divisionsverbande haben wir 4 Schützenbataillone, 2 Auszug= und 2 Reservebataillone; dieselben bilden eine Brigade von zwei Regimentern.

Wir ziehen den Namen „Regiment" dem Namen „Halb=
brigade" vor. Es ist diese Benennung überall gebräuchlich
und leicht verständlich. Halbbrigade schließt schon im Worte
etwas Halbes in sich, wozu man sich stets noch die andere
Hälfte hinzudenken muß. Wir sehen auch gar nicht ein,
warum und aus welchem Grunde das Wort „Regiment" in
unserer Armee verpönt sein muß. Die Schweizertruppen in
auswärtigen Diensten waren stets in Regimenter formirt.
Im vorigen Jahrhundert, bis zum Einmarsche der Franzosen,
waren auch die schweizerischen Milizen, wenigstens von Zürich
und Bern, in Regimenter eingetheilt. Weßwegen man nun
diese Benennung so ängstlich vermeidet und auch im neuen
Manövrir=Reglement für die Brigade, welche doch aus zwei
Regimentern von je drei Bataillonen zusammengesetzt ist, das
schwerfällige Wort „Halbbrigade" eingeführt hat, ist uns gar
nicht einleuchtend. Freilich thut ein Name nichts zur Sache
und haben sich zur Zeit die Halbbrigaden der ersten franzö=
sischen Republik mit unsterblichem Ruhm bedeckt. Sie mußten
indessen bald einmal, in den spätern Feldzügen Napoleons,
den Regimentern weichen.

Für die Schützen, die leicht beweglich sein sollen, ist es
entsprechend, nur zwei Bataillone zu einem Regimente zu
vereinigen. Dieses ist kommandirt durch einen Regiments=
kommandanten (Oberstlieutenant); sein Stab besteht aus zwei
Adjutanten.

Der Stab des Bataillons besteht aus dem Komman=
danten (Major), einem Aidemajor, einem Quartiermeister,
einem Oberarzt und einem Assistenzarzt; diese Offiziere sind
sämmtlich beritten; ferner ein Waffenoffizier, ein Adjutant=
Unteroffizier, ein Trainunteroffizier (Wagenmeister), ein Trom=
peterwachtmeister, zwei Büchsenmacher, 9 Trainsoldaten, total
20 Mann. Der Bestand der einzelnen Kompagnien würde ziem=
lich dem bisherigen entsprechen, nämlich 4 Offiziere, wovon

einer Hauptmann (nicht drei Offiziere, wie der Entwurf Welti will, denn die Kompagnie zerfällt nothwendigerweise in vier Sektionen, denen je ein Offizier vorstehen soll). Wir würden auch die Oberlieutenants beibehalten, unter den Unterlieutenants zwei Kategorien, 1. und 2. Unterlieutenants, aufzustellen, scheint uns indessen Luxus. 1 Feldweibel, 1 Fourier, 5 Wachtmeister, 5 Korporale (die wir der Rangabstufung wegen beibehalten möchten), 2 Frater, 4 Trompeter (die mit einem leichten Karabiner zu bewaffnen sind), 83 Schützen; Total 110 Mann. Das Bataillon betrüge so 460 Mann, etwas mehr als wir auf Seite 15 angenommen hatten. Jene Berechnung schloß sich an die jetzigen Kompagnien von 100 Mann.

Pioniere den Schützen zuzutheilen, kann möglicherweise nützlich sein; immerhin werden aber 8 Mann per Bataillon nichts Großes verrichten, um so weniger, wenn sie nicht unter einheitlicher und tüchtiger Leitung stehen. Sind die Genietruppen bei den Divisionen in ausreichender Menge vermehrt, so glauben wir den beabsichtigten Zweck eher und vollständiger erreichen zu können. Man kann übrigens die Wagen des Schützenbataillons mit Schanzzeug ausrüsten und einen Theil der Mannschaft zum Aufwerfen von Schützengräben instruiren.

An Wagen führt ein Schützenbataillon mit sich: 1 Fourgon, 2 Caissons, 2 Küchen-, 2 Proviantwagen, 1 Gepäckwagen; 7 Reitpferde, 18 Zugpferde, zusammen 25 Pferde. Der Entwurf Welti sieht vor 3 Reitpferde, nämlich für den Kommandanten, Aidemajor und Quartiermeister je eines, der Arzt kann zu Fuß gehen, eine äußerst geistreiche Einrichtung; ohnehin ist ein Arzt für 460 Mann oder, wie er vorsieht, 490 Mann zu wenig. Wie er die allfälligen Kranken und Verwundeten nach anstrengendem Marsche besuchen und pflegen soll, nachdem er selbst abgemüdet ist, ist unserm be-

schränkten Unterthanenverstande unfaßbar. Ferner zwei Zug=
pferde, für was wissen wir nicht, wahrscheinlich für einen
Munitionscaisson, offenbar zu wenig Munition für ein
Schützenbataillon; 3 Requisitionspferde, wahrscheinlich für den
Bataillonsfourgon. Wo sind denn aber die Pferde für das
Gepäck, den Proviant, die Küchenbatterie? Die Sache wird
auch gar zu wohlfeil abgemacht.

Die Fuhrwerke der Schützenbataillone sollten verhältniß=
mäßig leichter sein, als die der Infanteriebataillone, um eine
größere Beweglichkeit zu erzielen. Sie werden auch weniger
schwer beladen, da der Stand an Mannschaften bedeutend
geringer ist.

Infanterie.

Nachdem wir kurz der Spezialwaffen erwähnt, gelangen
wir zur Besprechung des Gros der Armee, nämlich der In=
fanterie. In unserer Armee, wie in jeder andern europäi=
schen Armee, bildet die Infanterie den größten Theil, wenig=
stens zwei Drittel der kampfbereiten Mannschaft. Das jetzige
Verhältniß ist noch viel mehr zu Gunsten der Infanterie
und beträgt in den zur Grenzbesetzung kommandirten Divi=
sionen durchschnittlich acht Zehntheile des Standes.

In den ersten Zeiten des Schweizerbundes bestand weit=
aus der größte Theil ihrer Truppen aus Infanterie, und es
gelang ihnen dennoch gegenüber ihren Angreifern, zuerst den
Oesterreichern, das heißt hauptsächlich den Vasallen des Hau=
ses Habsburg, sodann gegen die Heerschaaren Karls des
Kühnen, mit durchschlagendem Erfolge aufzutreten. Auch in
den etwas spätern italienischen Feldzügen und dem Schwa=
benkriege war es hauptsächlich die Infanterie, welche, unter=
stützt durch kleine Fähnlein Reiter, entscheidende Erfolge er=

rang. Immerhin waren in den schweizerischen Heeren größere Haufen Reiterei, als man gewöhnlich annimmt, und gerade bei Murten am 22. Juni 1476 kämpften neben 11,000 Spießen, 10,000 Hellebarden, 10,000 Büchsenschützen (Artillerie und mit schweren Luntenbüchsen versehenes Fußvolk) 4000 Reiter in den Reihen der Eidgenossen. Daher kam wohl auch der große Verlust der Burgunder, die 15,000 Mann verloren haben sollen, während bei Grandson, wo keiner Reiterei erwähnt ist, bloß 1000 Mann auf burgundischer Seite gefallen sein sollen.

Die schweizerische Infanterie trat damals in tiefen Kolonnen, bewaffnet mit 18 Fuß langen Spießen und Hellebarden, auf und erdrückte meistens durch die Wucht ihres Anstoßes den feindlichen Gegner. Eine solche Taktik ist heute nicht mehr möglich und würde bloß zu gänzlicher Vernichtung führen. Zu den Zeiten der Vervollkommnung der Feuerwaffen sank der schweizerische Kriegsruhm auf ein bescheideneres Maß herab und nahm die Schweiz als solche an keinen größern Kriegen mehr Theil. Ihre kriegslustige Jugend betheiligte sich als Reisläufer an allen möglichen Kriegen und stand im Solde beinahe aller europäischen Fürsten. Die Schweizer bewahrten auch dort ihren guten Namen als tapfere Krieger, allein eine eigenthümliche Kampfweise und eigenthümliche Formationen besaßen sie nicht, sondern diese Truppen schlossen sich in ihrer Organisation den einheimischen Truppen, welche meist ja auch nur angeworbene Soldtruppen waren, an.

Im Inlande wurden die militärischen Tugenden wenig gepflegt, und bei den verknöcherten Institutionen des 17. und 18. Jahrhunderts sank natürlich auch der kriegerische Geist und die militärische Befähigung. Es war daher begreiflich, daß es den siegreichen Schaaren der ersten Republik ein Leichtes war, dem vereinzelten Widerstande Meister zu werden, wenn auch noch da und dort ein glänzendes Blatt der schweizerischen Kriegsgeschichte eingereiht werden konnte.

Die neuere Zeit brachte auch in dieser Beziehung nothwendige Reformen. Immerhin wurde nicht erreicht, was hätte erreicht werden können und sollen. Die Organisation und der Unterricht blieben absolut den Kantonen überlassen, dem Bunde wurde nur das Recht der Inspektion eingeräumt. Die erzielten Resultate lassen daher sehr Vieles zu wünschen übrig, waren doch im vorigen Sommer an der Grenze „Bataillone, die das Herz jedes Vaterlandsfreundes mit Trauer erfüllen", eigene Worte des Generals in seinem Bericht vom November an die Bundesversammlung. Die gute Haltung einzelner Infanterietruppen kann für dieses Faktum keine Entschädigung bieten und ist es daher an der Zeit, durch Uebernahme des Unterrichts durch den Bund die nöthige Einheit und Gleichheit in der Armee herzustellen. Warum sollte auch die Infanterie, welche das Gros und die Hauptmacht der Armee bildet, nicht die gleiche Sorgfalt und Pflege beanspruchen dürfen, wie die übrigen Waffengattungen, die derselben den Boden zur Aktion bereiten.

Die beklagenswerthe kantonale Eifersucht, der enge Kantönligeist, der an die schlimmsten Zeiten unserer Schweizergeschichte erinnert, die leider zu wenig im Volke bekannt sind, und welche so viel beigetragen haben, daß die Schweiz schöne Waffenerfolge nicht nach Gebühr ausbeuten konnte, oder gewonnene Ländereien, der Kronenfresserei seiner Magistraten wegen, wieder verlor, verhinderten bis dahin alle radikalen Umgestaltungen. Lassen wir diese einzige Gelegenheit der Bundesrevision uns nicht entgehen, um endlich einmal über die Grenzen der Kantone hinaus eine einige schweizerische Armee und, was deren festester Kitt ist, eine schweizerische Infanterie zu schaffen.

Die Organisation, wie sie sich im Großen in Divisions- und Brigadebezirke, mit Umgang der Kantonsgrenzen, gestalten würde, haben wir in frühern Artikeln besprochen.

Die taktische Einheit der Infanterie bildet das Bataillon von zirka 720 Mann. Es zerfällt in 2 Jäger- und 4 Centrumkompagnien von je 120 Mann. Die neuern Kriege zeigen indessen, daß Infanteriekompagnien von 120 Mann für die Waffe der nöthigen Stärke ermangeln; es haben auch die meisten Armeen, die deutsche voran, Bataillone zu 1000 Mann gebildet aus 4 Kompagnien von je 250 Mann. Für unsere Verhältnisse werden Bataillone von 1000 Mann als zu groß bezeichnet, weil erstens die Kommandostimme, besonders im Gefechte, nicht eine solche Masse beherrschen kann und auch Bataillone von 1000 Mann, besonders in wechselndem Terrain, weniger beweglich sein können, als kleinere von zirka $3/4$ dieser Summe.

Die eigentliche taktische Einheit (Kampfhaufe) bildet indessen nicht sowohl das Bataillon, als die Gliederungen desselben, die Kompagnien. Schon bereits die alte, noch heute gebräuchliche Bezeichnung dieser Kompagnie in Jäger rechts, d. h. die Vorhut, in Centrumkompagnien, das Gros, und in Jäger links, die Nachhut bildend, zeigt uns die Art der Formation, welche man durch die Infanterie im Gefechte, natürlich unter mancherlei Modifikationen, einnehmen lassen wollte.

Wie gesagt, zeigt sich indessen die Kompagnie zu schwach zu selbstthätiger Verwendung als Kampfhaufe und hat man daher zur Lösung der taktischen Aufgabe je zwei Kompagnien zur Division vereinigt, deren das Bataillon in Folge dessen drei besitzt. Es ist dieses die in unsern neuern Exerzirreglementen angewendete Formation in drei Haufen, Divisionen. Wir haben aber in jedem dieser Haufen zwei Hauptleute, Offiziere von gleichem Rang, überhaupt zu viel Offiziere und

Unteroffiziere, deren Verwendung nicht eine ihrem Grab ent=
sprechende ist.

Die Dreitheilung im Bataillon ist freilich den Ueber=
lieferungen angemessen, aber nicht der neuern Gefechtslehre.
Ueberhaupt ist sie einer richtigen Oekonomie der Kräfte zu=
wider. Ein Sechstel des Ganzen eröffnet den Kampf, vier
Sechstel bilden das Gros, ein Sechstel soll als Reserve den
Entscheid herbeiführen; diese Formation erreicht man übrigens
nur, indem man einen der soeben gebildeten Kampfhaufen
wieder zerreißt.

Wir wären daher der Ansicht, man solle frisch die Ge=
legenheit benutzen und das Bataillon auf andere Weise, und
zwar wie die Schützenbataillone, auf 4 Kompagnien formiren:
Alle diese vier Kompagnien würden in gleicher Weise für die
aufgelöste Ordnung wie für die Linientaktik eingeübt und
der Unterschied zwischen Jäger= und Füsilierkompagnien fallen
gelassen. Ohnehin beklagt man sich, die Jägerkompagnien
absorbiren die intelligenteste Mannschaft zum großen Nach=
theile der übrigen Kompagnien des Bataillons. Es würden
dadurch, wenn wir das Bataillon gleichwohl auf 720 Mann be=
lassen oder es auf zirka 750 vermehren, Kompagnien von
180 — 190 Mann geschaffen, welchen dann schon eine be=
stimmte Kraft innewohnt und die nützlicherweise als selbst=
ständige Kampfhaufen auftreten können.

Die Aufstellung würde sich auf ganz natürliche Weise
machen können; für alle drei Gefechtsmomente wären die ent=
sprechenden Formen und Stärken wie von selbst gefunden.

Kompagnien von 180 — 190 Mann wären übrigens
leichter zu leiten, als unsere jetzige Division von 240 Mann,
sie bildeten eine taktische und administrative Einheit, und
endlich würde der Bedarf an Offizieren und Unteroffizieren,
den man in genügender Qualität und Quantität ohnehin nur
schwierig deckt, wesentlich vermindert.

Jedenfalls ist es der Mühe werth, diese Sache einer genauen Prüfung zu unterwerfen, und da man gerade daran ist, einen neuen Grund zu legen, so darf man nicht versäumen, gerade solide und zweckmäßige Fundamente aufzubauen. In der Hauptsache wird das Reglement nicht abgeändert, auch die Kampfformation in ihren Grundformen nicht; im Gegentheil, wir erhalten eine Gliederung, welche viel besser als die bisherige den Anforderungen desselben entspricht.

Das Infanteriebataillon würde durch einen Major kommandirt, wie das Schützenbataillon, ein Aidemajor für die Befehlgebung, ein Quartiermeister für die Verwaltung sekundiren ihn. Außerdem würde der Stab gebildet aus den Aerzten, wenigstens zwei, aber in diesem Falle, wie die schon genannten Offiziere, beide beritten.

Die übrige Organisation würde ganz derjenigen der Schützenbataillone entsprechen, einzig an Fratern wären drei Mann per Kompagnie statt zwei, und die Zahl der Soldaten wäre eine entsprechend größere, unter denselben eine Anzahl Soldatenarbeiter für die verschiedenen Handwerke.

An Pferden und Fuhrwerken gleiche Anzahl wie beim Schützenbataillon, jedoch kann man auf etwas größere Dimensionen Rücksicht nehmen. Die Zahl der Zugpferde braucht deßwegen nicht vermehrt zu werden, indem der Infanterie nur ausnahmsweise die Touren zugemuthet werden würden, welche die Schützenbataillone in der Regel zurückzulegen berufen sein werden.

Drei Infanteriebataillone vereinigen sich zu einem Regimente (Halbbrigade) unter dem Kommando eines Kommandanten. Wir haben die Vortheile dieser Neuerung, die unter anderm Namen schon besteht, bereits besprochen und kommen nicht darauf zurück.

Zwei Infanterieregimenter bilden die Infanteriebrigade, welche durch einen Oberstlieutenant oder Oberst kommandirt wird.

Drei Infanteriebrigaden nebst den nöthigen Spezialwaffen sind eine Felddivision gemischter Waffen, wie wir sie unsern Berechnungen zu Grunde gelegt haben.

Gestatte man uns noch Einiges über die persönliche Ausrüstung der Infanterie, der Fußtruppen überhaupt, anzubringen. Manches läßt sich auch auf die übrigen Truppen anwenden.

Zwei Richtungen in der Presse haben sich in den letzten Jahren geltend zu machen gesucht. Die eine wollte die Ausrüstung des Mannes auf das Geringste reduziren, die andere denselben noch mit allem Möglichen, z. B. Schanzwerkzeugen u. s. w., belasten. Man kann in diesen beiden Richtungen zu weit gehen. Es muß Jeder mit dem Nöthigen ausgerüstet sein und auf und an sich tragen, was zu seines Leibes Nothdurft und zur Erhaltung seiner Gesundheit nöthig ist. Unzweifelhaft ist, daß an einem Soldaten viel zu viel herumhängt; er trägt an verschiedenen Riemen Habersack, Brodsack, Feldflasche, Patrontasche 2c. Dafür hat er aber an seiner Uniform keine einzige ordentliche Tasche, in welcher etwas untergebracht werden könnte. Es ist dieses eigentlich merkwürdig. In unsern Civilkleidern, in denen wir uns in der Regel nie weit von Hause entfernen, haben wir eine große Anzahl Taschen aller Art, an der Brust, auf der Seite und in den Schößen angebracht. Kaum legen wir die Uniform an, so fängt die Noth schon an und weiß man kaum ein Notizbuch ordentlicherweise unterzubringen. Und wofür auch? Alles der Eitelkeit wegen, weil man findet, gefüllte Taschen könnten möglicherweise die elegante Taille stören. Praktisch ist jedoch diese Einrichtung keinenfalls zu nennen. Unzweifelhaft sicher ist es, daß man viele Gegenstände leichter in einer zweckdienlichen Tasche im Kleide trägt, als wenn sie an ir= gend einem Riemen am Leibe herumbaumeln.

Es würde sich daher empfehlen, einige solide, am besten mit Leder gefütterte Taschen an geeigneten Orten der Uni= form anzubringen, in welchen die Mannschaft manche Gegen= stände der kleinen Ausrüstung und auch Schießbedarf passend unterbringen kann. Dieselben Taschen würden sich im Mantel wiederfinden.

An Schnitt und Farbe der Kleidung wüßten wir nichts auszusetzen, als den Unterschied zwischen dem Schnitt der Offiziersröcke gegenüber den Mannschaftswaffenröcken, der bei uns wegfallen dürfte, und ferner die zu schimmernden Knöpfe und dergleichen Verzierungen, die wir eben so gern aus dunkler Masse sehen würden. Dem Feinde werden durch solche glitzernde Sachen immerhin gewisse Zielpunkte verschafft, die auf der andern Seite keinen reellen Nutzen besitzen, als das Putzzeug zu vermehren und den Soldaten zu placken.

Als Fußbekleidung würden wir Stiefel, welche wenig= stens bis an die Waden reichen, den Schuhen und Gamaschen weit vorziehen. Es mag sein, daß man in Schuhen, z. B. auf den Bergen, besser marschirt. Vieles wird jedenfalls auf die Gewohnheit ankommen. Unzweifelhaft aber ist es, daß bei nassem, kothigem Wetter, im Winter zumal, die Stiefel ein wirksamerer Schutz sind als die Schuhe, und den Fuß ungleich mehr vor Kälte und Nässe bewahren. Die tuchenen Kamaschen leisten in dieser Beziehung außerordentlich wenig, ja einmal durchnäßt, sind sie beinahe nicht mehr zu trocknen. Wir sehen auch das ganze deutsche Heer mit Stiefeln be= kleidet und hat man dort dieser Kamaschenwirthschaft gänzlich den Abschied gegeben.

Zum Umwechseln und als zweites Paar könnten allen= falls Schuhe angehen, wenn man den Tornister nicht zu sehr belasten will; immerhin würde die kleine Gewichtsdifferenz

bei den Vortheilen, welche die Stiefel den Schuhen gegen=
über vereinigen, kaum schwer in die Wagschale fallen. Es
versteht sich von selbst, daß die Fußbekleidung solid, gut und
den Füßen passend gemacht sein soll.

Einige mit passendem Fett getränkte Fußlappen von der
Form der Fußsohle sollte jeder Soldat mit sich führen und
häufig erneuern können. Nichts bewahrt bei längern Mär=
schen so gut vor Ermüdung, so wie auch vor Blasen und
Wunden. Bloßes Unschlitt eignet sich nicht, es ist zu fest,
und Schweinefett zu weich, eine Mischung von beiden dürfte
die richtige Consistenz geben.

Das zweite Paar Hosen ist unter keinen Umständen zu
umgehen; es ist ein eigentlich abenteuerlicher Gedanke, die
Soldaten mit einem Paar in's Feld schicken zu wollen. In
Kürze würde sich die ganze Schaar in Adams Kostüm der
erstaunten Welt vorzeigen. Für den Soldaten ist es übri=
gens eine eigentliche Wohlthat, von Zeit zu Zeit Kleider än=
dern zu können, seien sie nun verschwitzt oder vom Regen
durchnäßt, und endlich wie sollte er auch Zeit finden, die
nöthigsten Flickereien vorzunehmen, falls er sein einziges Paar
stets am Leibe trägt.

Wir glauben nicht zu irren, wenn wir behaupten, daß
jeder Soldat, der einige Zeit im Dienste stand, es weit vor=
zieht, ein zweites Paar Hosen im Tornister nachzutragen,
als unter Umständen dessen Wohlthaten zu entbehren.

Das Nothverbandzeug sollte nach dem Vorgange der
deutschen Armee in keiner Hosentasche fehlen und haben wir
in dieser Beziehung bedeutende Lücken auszufüllen.

Den Mantel sähen wir gerne durch Firnisiren mit wasser=
dichten Lösungen auf der äußern Seite dem Regen unurch=
bringlich gemacht. Die Vorgabe, daß dadurch die Verdun=
stung des Schweißes auf nachtheilige Weise verhindert werde,

können wir nicht zugeben, da ja immerhin ein gewisser Luft=
zug ungestört bleibt. Durch den Regen werden die Mäntel
so schwer, daß der Mann im Marschiren behindert ist; ein
wasserdichter Mantel, der kein Wasser annimmt, bleibt immer
gleich und ist inwendig stets hübsch warm und trocken, —
Vortheile, welche gegenüber den in unsern Augen bloß ima=
ginären Nachtheilen schwer in's Gewicht fallen.

Endlich sollte jedem Mann eine wollene Decke, die zur
Sommerszeit nachgeführt und im Winter vom Mann selbst
getragen wird, ausgetheilt werden. Auch diese sollte auf der
äußern Seite dem Wasser undurchbringlich sein. Sie soll so
groß sein, daß man sich bequem darin einhüllen kann, also
zirka 7' lang und 4—5' breit, dazu so leicht als möglich.
Schirmzelte würden dadurch meist überflüssig.

Die Stallblousen sind für die berittenen Truppen ganz
nützlich und werden sich auch für das Genie, sowie für die
Verwaltungstruppen empfehlen; sie sind so leicht, daß sie das
Gepäck nicht erheblich erschweren.

Gegen die Größe und Form unseres Tornisters wird
oft geklagt; es ist gar wohl möglich, daß etwas Leichteres
und Bequemeres an dessen Stelle gefunden werden kann,
sowie auch der Mantelsack der Kavallerie erhebliche Nachtheile
gegenüber geräumigen Satteltaschen besitzt, welche Pferd und
Reiter viel weniger inkommodiren.

Das sind alles Sachen, welche je nach Umständen, wenn
auch nicht von bestimmender Tragweite, dennoch Vieles zum
Wohlsein des Soldaten beitragen und die einer entsprechen=
den Prüfung zu unterstellen sind. In den letzten Feldzügen
konnten praktische Fingerzeige dieser Art vielfach gesammelt
werden. Es will uns indessen scheinen, daß man sich zu
wenig beschäftigt hat, durch tüchtige Militärs dergleichen Fra=
gen auf den Märschen und Schlachtfeldern der Armeen in
Frankreich studiren zu lassen. Viele Leute sehen nur was

ihnen gebraten in's Maul fliegt, nicht Jedem ist es gegeben, auch im scheinbar Kleinen und Unbedeutenden das Gute und oft zu großen Resultaten Führende zu erkennen.

Schluß.

Nachdem wir zuerst die allgemeinen Grundlagen des Wehrsystems auseinandergesetzt, hierauf die einzelnen Heeres= theile und Waffengattungen durchgegangen haben, sind wir am Schlusse unserer Aufgabe angelangt.

Eine Seite der Frage, die finanzielle, bliebe noch zu er= örtern übrig. Durch unsere Vorschläge und Wünsche, welche die Kantone eines erheblichen Theils der Finanzopfer ent= heben, die sie bis dahin brachten, auch den einzelnen Wehr= pflichtigen möglichst gegen direkte finanzielle Auslagen zu schützen suchen, werden dagegen dem Bunde sehr erhebliche Kosten aufgebürdet. Durch die Ueberlassung der Post= und Zollentschädigungen, welche bis dahin an die Kantone aus= gerichtet wurden, wird ein Theil dieser Opfer wieder ein= gebracht, ob Alles, lassen wir dahingestellt.

Die Gesammtausgaben des Bundes, der Kantone und der Mannschaft werden in einem Berichte des Hrn. National= rath Stämpfli von 1866 für militärische Ausrüstung und Instruktion auf 8,250,000 Fr. angegeben. Man kann mit allem Recht Hrn. Stämpfli als Autorität in dieser Sache betrachten, und war er besser als irgend Jemand selbst in der Lage, in der Materie richtige Angaben zu machen. Wir verweisen bei diesem Anlaße gerne auf dessen interessante Schrift, betitelt: „Verbesserungen und Ersparnisse im eidge= nössischen Wehrwesen", die wir in verschiedenen Punkten zu Rathe gezogen haben.

Der Schluß jener Schrift geht im Wesentlichen dahin, daß Ersparnisse durch Minderausgaben für das Militärwesen nicht zu erzielen sein werden, daß aber viele Ausgaben auf eine nutzbringendere Weise angewendet werden können, wenn Vieles, das bloßer äußerer Tand und hohle Nachahmung stehender Heere ist, über Bord geworfen wird. Wir können uns dieser Ansicht nur anschließen und haben da und dort auf derartige Ueberbeine hingewiesen, die man ohne Nachtheil ausmerzen könnte.

Im Großen und Ganzen möchten wir wünschen, und Jeder, der es mit der nationalen Wehrkraft gut und ernst= haft meint, wünscht dieß mit uns, daß das Schweizervolk und dessen Behörden in Bewilligung von Geldmitteln dem Wehrwesen gegenüber nicht knapp und knauserig sein mögen. Vergesse man ja nicht, daß es in Zeiten der Gefahr nicht genügt, mit vollen Backen unbedingte Krebite zu ertheilen, denn mit Krebit und Geld allein ist die Sache nicht gemacht. Es braucht zum Kriegführen und zum nützlichen, siegreichen Kriegführen noch unendlich viel mehr als Geld, nämlich wohlausgerüstete, gutunterrichtete und opferbereite Mann= schaften, ein wohlgeordnetes Heer, reichliches Material und tüchtige Führer, und die sind nur zu erhalten, wenn wir im Frieden uns sorgfältig rüsten und gewissenhaft vorbereiten auf den Krieg.

Befolgen wir in dieser Sache das Beispiel unserer Alt= vorbern. Keine Opfer waren ihnen zu groß, keine Lasten zu schwer, um ihre Militärmacht zu heben und ihre Städte vor Angriffen zu schützen. Die Handwerker und Bauern belebte ein reger kriegerischer Geist und Jeder war stündlich bereit, wenn der Ruf erschallte, Pflug oder Handwerkszeug hinzu= legen, zu Schwert oder Hellebarde zu greifen oder an den Befestigungswerken zu arbeiten. Bedeutende Kriegssteuern und Opfer an Geld und Gut wurden rasch und willig ge=

bracht zur Bestreitung der bedeutenden Kriegskosten. Und
wenn wir auch nicht wünschen, daß wir, wie unsere Altvor=
bern, jede beliebige Gelegenheit benützen, um unsere Nach=
barn mit Krieg zu überziehen, wie dieß nach den Burgunder
Kriegen der Fall war, und im Gegentheile hoffen und er=
warten, mit allen unsern Nachbarn auf freundlichem und
freundschaftlichem Fuße zu leben, so ziemt es sich doch für
einen Staat, der gewillt ist, sein eigenes Leben zu führen,
eine Militärmacht zu besitzen, die eine ist und nicht nur eine
scheint.

Wir haben versucht, unter Anwendung der vorstehend
erörterten Grundsätze einen Entwurf für die Militärorgani=
sation der schweizerischen Eidgenossenschaft auszuarbeiten, wel=
chen wir hiemit der Prüfung und dem Studium der Vater=
landsfreunde unterlegen. In weiterer Erläuterung desselben
liegt eine Schweizerkarte nach Leuzinger bei, welche die Ein=
theilung des schweizerischen Gebietes in 9 Divisionsbezirke
veranschaulicht. Dieselben sind mit der bereits heute einge=
führten Armee=Eintheilung in vielen Punkten übereinstim=
mend, nur ist das Prinzip konsequenter und logischer durch=
geführt. Die topographische Formation des Landes, dessen
Bergzüge, Thäler und Flußgebiete geben soweit möglich die
Eintheilungsgründe ab. Die Bevölkerungsverhältnisse waren
maßgebend und liegt eine Tabelle, gegründet auf die Er=
hebungen von 1870, bei. Die politischen Bezirke werden
nirgends auseinander gerissen, auf die Kantonsgrenzen wurde,
soweit möglich, billige Rücksicht genommen, ohne sich indessen
durch dieselben in der Ausführung einer möglichst rationellen
Eintheilung stören zu lassen.

Eine Anzahl graphischer Tabellen veranschaulichen die
Organisation der Truppenverbände und Truppenkörper.

Möge man diese Vorlage vorurtheilsfrei prüfen und das
Gute behalten.

Durch das Herannahen der Bundesrevision wird die Untersuchung der Wehrfrage und die Beschlußfassung darüber näher gerückt. Wir können bereits drei grundsätzliche Richtungen in der Anhandnahme der Militär-Reorganisation unterscheiden. Die erste derselben hat als Grundlage die Fassung der Artikel 18, 19 und 20, wie sie durch die Bundesrevisionskommission des Nationalrathes zum Vorschlage beschlossen worden ist. Es bestrebt diese die einzig logisch richtige und gründliche Lösung der Wehrfrage durch absolute Centralisation der schweizerischen Wehrkraft unter einheitliche Führung und Verwaltung.

Die zweite, vertreten durch die ständeräthliche Revisionskommission, will gewisse Fortschritte erzielen, sie bleibt aber auf halbem Wege stehen und ist ein Flickwerk, welches auf irgend welche Existenz kein Recht hat, da sie für die Sache den Schein zu geben sucht, und statt Brod Steine.

Annahme dieser Vorschläge würde die Einführung einer rationellen Reform in unabsehbare Fernen rücken.

Die dritte endlich ist die der Satisfaits, welche für die Sache kein Verständniß haben und an alten Marotten hängen. Sie wollen sich nicht belehren lassen und sind nicht zu belehren. Es ist schade, daß auch ein geachtetes militärisches Blatt der Westschweiz gänzlich in deren Fahrwasser segelt.

Diese dritte Richtung will im Großen und Ganzen das bisherige System beibehalten, welches sich nach ihr gut bewährt; die einzige Reform, welche sie als nöthig erachtet, ist die, jährlich 2—3 Millionen mehr für das Militärwesen auszuwerfen. Für eine solche Reform danken wir höflichst und mit uns auch, wie wir denken, die große Mehrzahl des Schweizervolkes.

In nicht zu langer Zeit wird das Schweizervolk zu entscheiden haben, wie es die Militärangelegenheiten des Vaterlandes an die Hand genommen zu sehen wünscht. Vergesse es hiebei nicht, daß es sich sein Urtheil über seine ganze Zukunft sprechen wird.

Die politischen Verhältnisse auf dem Kontinente sind weit davon entfernt, irgend für die Fortdauer des Friedens Garantien zu leisten. Im Gegentheile war das europäische Gleichgewicht seit langen Jahren noch nie in so hohem Maße gestört wie eben jetzt.

Es wird überflüssig sein, die politische Situation näher auszuführen; unzweifelhaft aber ist es, daß dieselbe Keime künftiger Kriege und zwar unmittelbar an unserer Grenze zur Genüge enthält. Wir führen beispielsweise an, daß ein gar nicht außer dem Bereiche der Möglichkeit liegender und schon in der nächsten Zukunft möglicher Krieg zweier unmittelbaren Nachbarn die bisher latente Savoyerfrage zu einer brennenden machen wird.

Falls wir uns dann nicht zu einer kräftigen Politik ermannen können, falls dann noch die Politik der tiefern Differenzen u. s. w. maßgebend sein sollte, wegen Mangels an Zutrauen in unsere innere Kraft und unser Wehrwesen, so wird damit die Schweiz ihr Todesurtheil als selbstständige Nation unterschreiben. Von diesem Schlage würde sie sich nie, nein! nie wieder erholen.

Nun, Schweizervolk, wähle: auf einer Seite, Fortdauer des kantonalen militärischen Kontingents- und Duodez-Souverainetät! Die Schweiz, zerrissen im Innern, schwach gegen Außen, mit Hohn und Schmach bedeckt und eine leichte Beute jedes mächtigen Nachbarn; oder aber Gründung einer einheitlichen, nationalen Armee — ein schönes Bild schweizerischer Einheit und Kraft, ein einiges Schweizervolk in Waffen, stark und mächtig genug, mit jedem Angreifer zu rechten und den geheiligten Boden in allen Wettern und Stürmen der Zeit unverletzt zu erhalten.

Wird dir die Wahl schwer sein?

Entwurf

eines

Gesetzes über die Militärorganisation

der

schweizerischen Eidgenossenschaft.

Die Bundesversammlung der schweizerischen Eidgenossenschaft in Ausführung der §§ 18, 19, 20 und 39 der Bundesverfassung*) vom . . . .

beschließt

folgendes Gesetz über die Militärorganisation der schweizerischen Eidgenossenschaft.

I. Wehrpflicht.

§ 1.

Jeder Schweizerbürger wird zu Anfang desjenigen Jahres wehrpflichtig, in welchem er das 20. Altersjahr zurückgelegt hat. Die Wehrpflicht dauert bis zum zurückgelegten 44. Altersjahre.

---

*) Verfassungsentwurf der nationalräthlichen Bundesrevisionskommission.

§ 2.

Niemand darf in das Bundesheer aufgenommen werden, welcher nicht die zum Dienst in einer der verschiedenen Waffengattungen erforderlichen persönlichen Eigenschaften besitzt.

§ 3.

Ein besonderes Reglement wird die Mängel bezeichnen, welche den Ausschluß von einzelnen oder allen Dienstleistungen zur Folge haben.

§ 4.

Die Untersuchung und Entscheidung über die persönliche Dienstfähigkeit steht den eidgenössischen Militärbehörden zu..

§ 5.

Von der Wehrpflicht sind während der Dauer ihres Amtes folgende eidg. Beamte enthoben:

a. die Mitglieder des Bundesrathes,
b. der eidg. Kanzler.

§ 6.

Folgende Beamte und Angestellte genügen ihrer Wehrpflicht in ihren Beamtungen oder Anstellungen:

1) die Zeughausverwalter,
2) die Zeughauswerkmeister und Arbeiter,
3) die Pulververwalter,
4) die Pulvermüller,
5) der Telegraphendirektor,
6) die Telegraphisten,
7) die Kreispostdirektoren,
8) die Postbeamten und Postkondukteure,
9) die Grenzwächter,
10) die Eisenbahnbeamten,
11) die Aerzte und Krankenwärter öffentlicher Spitäler und Irrenanstalten,

12) die Direktoren und Gefangenwärter der Strafan=
stalten und Untersuchungsgefängnisse,

13) die Offiziere und Soldaten der kantonalen Polizei=
korps.

§ 7.

Die im wehrpflichtigen Alter befindlichen Beamten |und
Angestellten der Post=, Eisenbahn= und Telegraphen=Verwal=
tungen, sowie die Offiziere und Soldaten der Polizeikorps
werden zu militärisch organisirten Korps vereinigt. Sie haben
in diesen Dienstzweigen ihrer Wehrpflicht zu genügen.

§ 8.

Will einer der in den §§ 6 und 7 bezeichneten Beamten
oder Angestellten in anderer als aus seiner Beamtung oder
Anstellung entspringender Eigenschaft, Militärdienst leisten,
so hat |er dafür die Erlaubniß |einer Oberbehörde nachzu=
suchen. Die Mitglieder des Bundesrathes haben sich deßhalb
an die Bundesversammlung zu wenden. Sie können, so lange
sie Militärdienst leisten, ihren Sitz im Bundesrathe nicht ein=
nehmen.

§ 9.

Die Mitglieder der Bundesversammlung sind während
der Dauer der Sitzungen derselben von den militärischen
Uebungen befreit.

§ 10.

Von der Ausübung der Wehrpflicht sind ausgeschlossen,
die mit einer peinlichen oder entehrenden Strafe Belegten,
bis zu ihrer Rehabilitation.

§ 11.

Von der Bekleidung eines Grades sind Diejenigen aus=
geschlossen, welche in der bürgerlichen Ehrenfähigkeit oder im
Aktivbürgerrecht eingestellt sind.

§ 12.

Die Ausübung der Wehrpflicht hat da zu geschehen, wo der Niedergelassene oder Aufenthaler seinen Wohnort genommen hat. Die Wohnsitz- und Aufenthalts-Bescheinigungen müssen der resp. Militärbehörde zur Eintragung und Vormerk bei jeder Wohnsitzänderung zugestellt werden. Es dürfen hieraus für den Betreffenden keinerlei Kosten erwachsen.

§ 13.

Die wegen Gesundheitsrücksichten vom Militärdienste befreiten Wehrpflichtigen haben eine, ihrem Vermögen und Erwerb entsprechende Steuer zu entrichten, welche dem Bunde zufließt. Ein Theil des Ertrages dieser Steuer wird zur Aeuffnung des Invaliden-Pensionsfondes verwendet.

§ 14.

Im Militärdienste erkrankte Militärs haben Anspruch auf Verpflegung durch den Bund. Tragen sie von ihrem Dienste nachweislich einen bleibenden Schaden an ihrer Gesundheit, so haben sie Anspruch auf eine entsprechende Entschädigung oder eine Pension auf Lebenszeit.

II. Eintheilung der Bundesarmee.

1. Altersklassen.

§ 15.

Das Bundesheer besteht aus a. Auszug,
b. Reserve,
c. Landwehr.

§. 16.

Jeder Dienstpflichtige hat successive in allen diesen drei Abtheilungen (Altersklassen) Dienst zu leisten.

Der Auszug besteht aus der Mannschaft vom 21. bis und mit 28. Lebensjahre, die Reserve aus der Mannschaft vom 29. bis und mit 38. Lebensjahre und die Landwehr aus der Mannschaft vom 39. bis und mit 44. Lebensjahre.

§ 17.

Der Eintritt in die taktischen Einheiten und organisirten Truppenkorps erfolgt nach gut überstandenem Rekrutenunterricht.

§ 18.

Der Uebertritt des ältesten Jahrganges aus jeder vorhergehenden Abtheilung in die folgende, oder der Austritt aus der letzten Altersklasse und somit aus dem Bundesheer, erfolgt erst nach Zutheilung des je zunächst folgenden Jahrganges an die betreffende Altersklasse. Bei Kriegsgefahr kann der Austritt durch die Bundesbehörden suspendirt werden.

2. Waffengattungen und Truppenkörper.

§ 19.

Das Bundesheer begreift folgende Waffenarten in sich:
  a. Genietruppen.
1) Sappeurs,
2) Pontoniers,
3) Eisenbahnbaukorps,
4) Telegraphenbaukorps.
  b. Artillerie.
1) Kanoniere,
2) Trainsoldaten,
3) Parksoldaten.
  c. Kavallerie.
1) Dragoner,
2) Guiden,
3) Gensdarmerie.

d. Scharfschützen.

e. Infanterie.

f. Verwaltungstruppen für:

1) Verpflegung,

2) Rechnungswesen,

3) Ausrüstung und Bekleidung,

4) Trainwesen,

5) Eisenbahntransportwesen,

6) Telegraphenwesen,

7) Postbetrieb,

8) Sanitätspflege.

§ 20.

Deren organisirte Einheiten sind folgende:

a. Bei den Genietruppen:

die Kompagnie.

b. Bei der Artillerie:

1) die bespannte Batterie,

2) die Positionskompagnie,

3) die Gebirgsbatterie,

4) die Parkkompagnie,

5) die Parktrainkompagnie.

c. Bei der Kavallerie:

1) Dragoner: die Schwadron.

2) Guiden: die Kompagnie.

3) Gensdarmen: die Kompagnie.

d. Bei den Scharfschützen:

das Bataillon.

e. Bei der Infanterie:

das Bataillon.

f. Bei den Verwaltungstruppen:

die Kompagnie oder die Sektion.

§ 21.

Die organisirten Einheiten bilden taktische Truppenkörper, und sind vereinigt zu Truppenverbänden, nämlich:

Mehrere Genie = Kompagnien unter einem Kommando bilden ein Genie=Bataillon.

Mehrere Kavallerie=Schwadronen unter einem Kommando bilden ein Kavallerie=Regiment.

Mehrere Batterien Artillerie unter einem Kommando bilden ein Artillerie=Regiment.

Mehrere Schützen = Bataillone unter einem Kommando bilden ein Schützen=Regiment.

Mehrere Infanterie=Bataillone unter einem Kommando bilden ein Infanterie=Regiment.

§ 22.

Zwei Regimeter der verschiedenen Waffen bilden eine Brigabe der betreffenden Waffe.

§ 23.

Aus der Vereinigung der Brigaden verschiedener Waffen werden die Felddivisionen gemischter Waffen gebildet.

§ 24.

Durch Vereinigung von Genie=Bataillonen unter einem Kommando werden gebildet die Genie=Divisionen.

§ 25.

Durch Vereinigung von Kavallerie=Brigaden werden ge= bildet die Kavallerie=Divisionen.

§ 26.

Durch Vereinigung von Artillerie=Brigaden werden ge= bildet die Artillerie=Divisionen.

§ 27.

Es können diesen Spezialwaffen=Divisionen auch Truppen anderer Waffengattungen zugetheilt werden.

§ 28.

Zwei Divisionen unter einem Kommando bilden ein Armeekorps.

§ 29.

Mehrere Armeekorps oder Divisionen unter einem Kommando bilden eine Armee.

3. Aushebung und Bildung der Waffengattungen und Truppenkörper.

§ 30.

Zum Zwecke der Aushebung und Bildung der Waffengattungen und Truppenkörper wird die schweizerische Eidgenossenschaft in neun militärische Territorial=Divisionsbezirke getheilt von je circa 270,000 bis 300,000 Einwohnern.

§ 31.

Diese neun Territorial=Militärbezirke werden in fernere Brigaden=, Regiments= und Bataillons=Bezirke eingetheilt.

§ 32.

Diese Eintheilung ist Sache der Bundesgesetzgebung.

§ 33.

Der Bestand eines Bataillons rekrutirt sich im Bataillonsbezirke, der Bestand des Regiments im Regiments=, der Brigade im Brigade=, der Division im Territorial=Divisionsbezirk.

§ 34.

Zur Bildung der Spezialwaffen=Divisionen werden in den Territorial=Divisionsbezirken eine größere Anzahl organisirte Truppenkörper dieser Spezialwaffen gebildet, als den Feldbivisionen vereinigter Waffen zugetheilt sind.

§ 35.

Es werden für die verschiedenen Waffengattungen in der Regel ausgehoben auf 100 Mann:

Für das Genie		5
„ die Kavallerie-Dragoner		8
„ „ Guiden und Gensdarmerie je ½ und ⅓		1
„ „ Artillerie		10
„ „ Schützen		8
„ „ Infanterie		60
„ „ Verwaltungstruppen		6
„ „ Sanitätstruppen		2
	Total	100

§ 36.

Zur Bildung der verschiedenen Truppenkörper soll nur diejenige Mannschaft herangezogen werden, welche sich durch ihre körperliche und geistige Entwicklung, sowie durch ihren bürgerlichen Beruf am Besten für die betreffende Waffengattung eignen. Es sind auf die Wünsche der Rekruten soviel möglich Rücksichten bei der Eintheilung zu nehmen. Ein Reglement über die Aushebung bestimmt das Nähere.

§ 37.

Die Stärke der organisirten Truppenkörper (taktischen Einheiten) ist in allen Altersklassen die gleiche.

4. Organisation der militärischen Territorial-Divisionsbezirke.

§ 38.

Eine größere Stadt im Rayon des Divisionsbezirkes, und wo möglich an einem Eisenbahnknotenpunkte gelegen, ist das Divisionshauptquartier, eine Stadt im Brigadebezirk das Brigadehauptquartier, eine Stadt im Regimentsbezirk das Regimentshauptquartier, ein Ort im Bataillonsbezirk der

11

Bataillonsbesammlungsplatz, ein Ort im Regimentsbezirk der Besammlungsplatz der organisirten Truppenkörper (taktischen Einheiten) der Spezialwaffen.

§ 39.

In diesen Hauptquartieren und Besammlungsplätzen werden die nöthigen Magazine eingerichtet zur Aufbewahrung der Korpsausrüstung und derjenigen Gegenstände, welche der Mannschaft nicht nach Hause gegeben werden können. Sie stehen unter der Aufsicht und Leitung der respektiven Korps-kommandanten.

§ 40.

Die Truppen des Territorialbezirkes bilden eine territoriale Division. Sie zerfallen in eine Felddivision gemischter Waffen, bestehend aus Auszug und Reserve, in eine Landwehr-brigade, bestehend aus den Landwehrmannschaften. Außerdem bilden sie noch eine Anzahl organisirter Truppenkörper der Spezialwaffen.

§ 41.

Die Territorialdivision besteht aus:

1) 1 Divisionsstab.
2) 1 Geniebrigadestab.
3) 1 Kavalleriebrigadestab.
4) 1 Artilleriebrigadestab.
5) 1 Schützenbrigadestab.
6) 3 Infanteriebrigadestäben.

An Truppen aus:

1) 2 Kompagnien Guiden	1 Auszug,	1 Reserve.
2) 2 Kompagnien Feldgensdarmerie	1 „	1 „
3) 2 Sappeurbataillone, aus je 3 Kompagnien	1 „	1 „
4) 2 Eisenbahnbausektionen	1 „	1 „
5) 2 Telegraphenbausektionen	1 „	1 „

6) 2 Regimenter Kavallerie von je 3
Schwadronen — 1 Auszug, 1 Reserve.

7) 2 Regimenter Artillerie von je 3
Batterien — 1 „ 1 „

8) 2 Regimenter Schützen von je 2
Bataillonen — 1 „ 1 „

9) 6 Regimenter Infanterie von je
3 Bataillonen — 3 „ 3 „

10) 2 Munitions- / 2 Parkkompagnien 1 „ 1 „
parkkolonnen \ 2 Parktrainkomp. 1 „ 1 „

11) 2 Verwaltungssektionen für das
Rechnungswesen — 1 „ 1 „

2 Verwaltungssektionen für Ausrüstung und Bekleidung — 1 „ 1 „

2 Verpflegungskompagnien — 1 „ 1 „

4 Lebensmittelkolonnen — 2 „ 2 „

1 Sanitätskompagnie aus 4 Sektionen — ²/₄ „ ²/₄ „

und zählt in runder Summe 20,000 Mann. Der Bestand der einzelnen Einheiten ist aus den Bestandtafeln ersichtlich.

§ 42.

Die Landwehrbrigade eines Divisionsbezirks kann mit der Landwehrbrigade des zunächst benachbarten Divisionsbezirkes eine Landwehrdivision bilden. Sie ist halb so stark wie eine Felddivision gemischter Waffen.

§ 43.

Halbe taktische Einheiten zweier solcher Landwehrbrigaden zerschmelzen sich in diesem Falle zu ganzen Einheiten.

§ 44.

Die in die Landwehr tretenden Artilleriemannschaften bilden die Positions-Artillerie-Kompagnien, deren Trainmann-

schaften, soweit sie verfügbar werden, zu anderweitigen Dienst=
verrichtungen im Fuhrwesen verwendet werden können.

§ 45.

An Artillerie und Kavallerie werden außerdem in jedem
Territorialbezirke eine gleiche Anzahl organisirte Truppen=
körper gebildet, wie der Territorialdivision zugetheilt sind.
Dieselben werden zu Kavallerie= und Artilleriedivisionen ver=
einigt. In den Gebirgsgegenden werden hiefür statt be=
spannter Batterien Gebirgsbatterien rekrutirt und organisirt.

§ 46.

Die Pontoniers werden aus den tauglichen Mann=
schaften der ganzen Eidgenossenschaft ausgehoben, es werden
5 Kompagnien im Auszug, 5 in der Reserve und 2 in der
Landwehr gebildet. Es könnte je nach Umständen auch 6,
6 und 3 Kompagnien formirt werden, falls sich Mannschaft
und Material vorfindet.

§ 47.

Die Guiden= und Gensdarmerie=Kompagnien der Reserve
werden dem Generalstabe und den Armee= oder Armeekorps=
stäben zugetheilt.

§ 48.

Dem Oberbefehlshaber steht das Recht zu, durch die
Verhältnisse gebotene Abänderungen in der Eintheilung der
Bundesarmee zu treffen.

III. Befehlgebung in der Bundesarmee.

§ 49.

Die Bundesarmee wird befehligt durch Offiziere. Die=
selben besitzen Grade, welche sich hierarchisch gliedern. Sie

üben den Befehl nach Maßgabe der ihnen durch ihren Grad und ihre Stellung übertragenen Kompetenzen aus.

§ 50.

Zur Unterstützung der Offiziere sind ihnen Unteroffiziere untergeordnet, welche die Ausführung der ertheilten Befehle überwachen und leiten.

§ 51.

Um den Grad eines Offiziers erlangen zu können, muß man in der betreffenden Waffengattung gedient und einige Zeit den Grad eines Unteroffiziers bekleidet, sowie eine entsprechende Offiziersschule mit Erfolg durchgemacht haben.

§ 52.

Jeder Wehrpflichtige ist zur Annahme eines Grades verpflichtet, dagegen soll ihm zu seiner Ausrüstung ein angemessener Beitrag ausgerichtet werden.

§ 53.

Den dienstpflichtigen Geistlichen, Aerzten, Apothekern und Thierärzten, welche sich im Besitze eines regelrechten Befähigungszeugnisses befinden, wird gestattet, sich als Feldgeistliche, Militärärzte, Militärapotheker und Militärpferdärzte eintheilen zu lassen, nachdem sie die betreffenden Spezialkurse mit Erfolg durchgemacht haben. Sie bekleiden nach Maßgabe der Gesetze und Reglemente militärische Offiziersgrade.

§ 54.

Die Offiziere zerfallen in Offiziere mit Truppen und Offiziere ohne Truppen. Zu den erstern gehören alle Offiziere, welche ein größeres oder kleineres Kommando ausüben, zu letzteren die Stabsoffiziere und die Adjutanten, welche den höhern Befehlshabern zugetheilt sind, die Platz- und Etappenkommandanten u. s. f.

§ 55.

Die Offiziere mit Truppen sind die Kommandanten der Armeen, der Armeekorps, der Divisionen, der Brigaden, der Regimenter, der Bataillone u. f. f., und diejenigen Offiziere, welche Bruchstücke dieser Truppenkörper kommandiren.

§ 56.

Die Offiziere ohne Truppen bilden den Generalstab, den Verwaltungsstab und die Adjutantur. Dieselben bestehen aus den Stabsoffizieren und Offizieren, welche den in § 55 genannten kommandirenden Offizieren zugetheilt sind.

§ 57.

1) Der General stab enthält die Stabschefs und Stabsoffiziere im Grade abwärts bis und mit Major, welche den Armee=, Armeekorps= und Divisionsstäben zugetheilt sind, und welchen die Ausführung der Befehle, sowie die Leitung des Dienstes in jenen Stäben übertragen ist.

2) Der Verwaltungs stab enthält die Verwaltungsstabsoffiziere im Grade abwärts bis und mit Major, welche den Armee=, Armeekorps=, Divisions= und Brigade=Kommandanten für die Verwaltung zugetheilt sind, und welchen die Leitung des Verwaltungsdienstes für deren Truppenkörper übertragen ist.

3) Die Adjutantur besteht aus denjenigen Offizieren vom Major abwärts, welche den kommandirenden Offizieren, sowie den Offizieren des Generalstabes und Verwaltungsstabes zeitweilig als Adjutanten und Gehülfen zugetheilt sind.

4) Es wird diesen Offizieren ferner noch zugetheilt das Stabssekretariat; es begreift diejenigen Unteroffiziere in sich, welche den verschiedenen höheren Offizieren und Stäben als Sekretärs zur Anfertigung der Rapporte, Kontrolen, Kopiaturen, Registraturen 2c. beigegeben werden.

§ 58.

Die Offiziere des Stabes, sowie der Abjutantur, und die Unteroffiziere des Stabssekretariats haben entsprechende Kurse auf der Generalstabsschule und es erhalten die Offiziere der Abjutantur, sowie die Unteroffiziere des Sekretariats eine etwas höhere Besoldung als die Truppen=Offiziere und Truppen=Unteroffiziere des gleichen Grades, und falls sie nicht beritten waren, einen angemessenen Beitrag an die daherigen Kosten.

§ 59.

Bei jeder Beförderung. haben sie in der Regel einige Zeit in ihrem neuen Grade in ein Truppenkorps zurück= zutreten und daselbst einige Zeit zuzubringen.

§ 60.

Sie werden auf Vorschlag der respektiven Korpskomman= danten zum Stabsdienst herangezogen, nachdem sie jeweilen die entsprechende Stufe der Generalstabsschule mit Erfolg besucht haben.

§ 61.

Die Offiziere ohne Truppen und die Stabssekretäre tra= gen die Uniform ihres ursprünglichen Korps und eine be= sondere Auszeichnung, welche das Reglement bestimmt.

§ 62.

Bei Besetzung von Kommando= und Offiziersstellen über= haupt darf das Dienstalter nur in zweiter Linie gegenüber der Befähigung berücksichtigt werden.

§ 63.

Die Uebertragung eines Kommando's oder einer andern militärischen Dienstverrichtung ist unbeschadet des Grades des betreffenden Offiziers jederzeit widerruflich.

§ 64.

Bei Wahlen und Beförderungen von Offizieren haben die Offiziere des gleichen Truppenverbandes ein Vorschlags= recht, die Vorschläge werden durch die Korpschefs und Waf= fenkommandanten begutachtet und durch den Bundesrath oder den General verfügt.

§ 65.

Bei Wahlen und Beförderungen der Unteroffiziere haben die Unteroffiziere und Soldaten des gleichen Truppenkörpers das Vorschlagsrecht, die Vorschläge werden durch die Offiziere begutachtet und durch die Korpschefs verfügt.

§ 66.

Die Entlassung eines Offiziers erfolgt auf sein daheriges Begehren, welches aber erst nach Vollendung des 44. Alters= jahres gestellt werden kann, es sei denn, daß dieselbe wegen andauernder Dienstunfähigkeit oder andern bringenden Grün= den ertheilt werden müßte.

§ 67.

Als entlassen wird ein Offizier betrachtet, wenn er sich in einem der folgenden Fälle befindet:

1) Wenn er in fremden Dienst getreten ist.
2) Wenn er ohne Urlaub für mehr als ein Jahr aus der Schweiz sich entfernt, wer seine Abwesenheit mehr als ein Jahr über den bewilligten Urlaub hinaus verlängert.
3) Wenn er im Auslande sich befindet und im Falle einer Bewaffnung ohne genügende Entschuldigung nicht in das Vaterland zurückkehrt.
4) Wenn derselbe nach Verkündung einer Marschbereit= schaft ohne Urlaub die Schweiz verläßt, unvorgreiflich der Strafe, welche ihn nach den Bestimmungeu des Bundesgesetzes über die militärische Strafrechtspflege treffen kann.

§ 68.

Der Bundesrath, der Obergeneral, je nach Umständen der Generalstabschef und der Generalkriegskommissär, sind berechtigt, nach vorausgegangener Untersuchung einen Offizier wegen schlechter Aufführung oder wegen Unfähigkeit durch motivirten Beschluß zu entlassen.

IV. Unterricht der Bundesarmee.

1. Vorunterricht.

§ 69.

Die Kantone sind verpflichtet, der schulpflichtigen Jugend gymnastischen Unterricht ertheilen zu lassen, und damit für die männnliche Jugend diejenigen militärischen Vorübungen zu vereinigen, welche man mit diesem Turn=Unterricht ver= binden kann.

§ 70.

Den militärpflichtigen Lehrern ist die Ertheilung dieses militärischen Vorunterrichts anzuvertrauen.

§ 71.

Die aus der Schule entlassene männliche Jugend ist bis zum Beginn der Wehrpflicht zu militärischen Uebungen zu verhalten, welche während wenigstens 15 halben Tagen jähr= lich vorzunehmen sind.

§ 72.

Die militärischen Behörden und Kommando's verstän= digen sich mit den Kantonen über die zur Vollziehung dieser Vorschriften nöthigen Anordnungen.

2. Rekruten-Unterricht.

§ 73.

Der Unterricht der Infanterie und der Spezialwaffen wird durch die Kommandanten der in §§ 30, 31 und folgenden vorgesehenen Militärbezirke besorgt.

§ 74.

An der Spitze der Infanterie-Instruktion und der Instruktion der Spezialwaffen stehen die Oberinstruktionen der respektiven Waffen. Denselben werden Instruktions-Gehülfen verschiedener Rangstufen beigegeben.

§ 75.

Die Offiziere und Unteroffiziere der diversen Waffen haben sich so viel als möglich beim Rekruten-Unterricht selbstständig zu bethätigen. Sie erhalten die hiezu nöthige Anleitung durch die Instruktoren und höheren Offiziere ihrer Waffen.

§ 76.

Zu den Rekrutenschulen sind von Anfang an die entsprechenden Kadres beizuziehen, es werden hiezu in der Regel neubeförderte Offiziere und Unteroffiziere befohlen.

§ 77.

Jeder Rekrut soll sich am Ende der Rekrutenschule über ein gewisses Minimum militärischer Kenntnisse ausweisen, welches das Reglement bestimmt.

Solche Rekruten, welche am Schlusse der Rekrutenschule das festgesetzte Minimum nicht erreichen, haben eine zweite Rekrutenschule ganz oder theilweise durchzumachen.

§ 78.

Es darf kein Rekrut einem organisirten Korps eingereiht werden, der sich nicht im Besitze dieses Minimums befindet.

§ 79.

Falls es zweckdienlich erachtet wird, so kann ein Rekrut, der sich für eine Waffe untauglich erweist, zu einer andern versetzt werden, er hat in diesem Falle das gleiche Requisit für die neue Waffe zu erfüllen.

§ 80.

Der Unterricht der Infanterie bauert in der Regel 34 Tage.								
„	„	„	Genietruppen	„	„	„	„	48 „
„	„	„	Artillerie	„	„	„	„	40 „
„	„	„	Kavallerie	„	„	„	„	55 „
„	„	„	Scharfschützen	„	„	„	„	34 „
„	„	„	Verwaltungs= u. Sanitätstruppen				34	„

3. Wiederholungskurse.

§ 81.

Die Regimenter der verschiedenen Waffen des Aus= zuges haben alljährlich einen Wiederholungskurs von 14 Tagen zu bestehen.

§ 82.

Je das zweite Jahr finden diese Wiederholungskurse im Divisionsverbande statt.

§ 83.

Die Regimenter der verschiedenen Waffen der Reserve haben alle zwei Jahre einen Wiederholungskurs von 14 Tagen im Brigadeverbande mit dem entsprechenden Regi= ment des Auszuges mitzumachen.

§ 84.

Je das vierte Jahr finden diese Wiederholungskurse im Divisionsverbande, mit dem Auszug der Division vereinigt, statt.

§ 85.

Die Bataillone und organisirten Einheiten der Land=
wehr werden je das zweite Jahr auf 8 Tage in Dienst
berufen; diese Kurse finden im Brigadenverbande statt.

4. Unterricht der Offiziere und Unteroffiziere.

§ 86.

Für den theoretischen und praktischen Unterricht der Of=
fiziere und Unteroffiziere werden für die verschiedenen Waffen,
soweit nöthig, besondere Unterrichtskurse und Wiederholungs=
kurse angeordnet.

§ 87.

Diese Unterrichtskurse stehen in der Regel unter der
Leitung des Oberinstruktors der Waffe und werden Offiziere
und Unteroffiziere verschiedener Divisionen gleichzeitig dazu
kommandirt.

5. Unterricht der Stabsoffiziere.

§ 88.

Für den Unterricht der in den Stäben der Brigaden,
Divisionen, Armeekorps und Armeen zu verwendenden Offi=
ziere und Unteroffiziere wird eine Generalstabsschule kreirt.
Sie steht unter der Leitung des Chefs des Generalstabes.

§ 89.

Sie zerfällt in vier Stufen, welche ihr Pensum auf pas=
sende Weise steigern:

1) für Heranbildung von Stabssekretären und Stabs=
fourieren;

2) für Heranbildung von Adjutanten von Oberlieutenants=
rang;

3) für Heranbildung von Adjutanten von Hauptmanns=
rang;

4) für Heranbildung von Stabsoffizieren von Majors=
rang.

§ 90.

Die Offiziere und Unteroffiziere der diversen Waffen, welche diese Generalstabsschule besuchen sollen, werden von ihren Korpschefs, dem Brigade= oder Divisionskommandanten, vorgeschlagen und nach günstiger Begutachtung dieses Vor= schlages in die Generalstabsschule kommandirt. Nach glück= licher Beendigung der entsprechenden Unterrichtsstufe werden sie einem der in § 88 genannten Stäbe, in der Regel auf zwei Jahre, zugetheilt, nach welcher Zeit sie mit Avancement in ein Truppenkorps zurückzutreten haben. Dort 2—3 Jahre zugebracht, nehmen sie, falls sie neuerdings hiezu vorgeschla= gen werden, an einem zweiten Kurse in einer höhern Unter= richtsstufe Theil u. s. f.

§ 91.

Für die Offiziere und Unteroffiziere der Armeeverwal= tungsabtheilungen, welche in gleicher Weise zur Generalstabs= schule befohlen werden, sind gewisse Fächer (z. B. rein tak= tische) durch andere entsprechende Fächer zu ersetzen (spezielle Verwaltungsfächer).

§ 92.

Es können Freiwillige, welche die nöthigen Vorkenntnisse besitzen, zur Theilnahme an den Kursen der Generalstabs= schule zugelassen werden. Sie beziehen in diesem Falle weder Sold noch Verpflegung, werden aber in allem Uebrigen den kommandirten Theilnehmern gleichgehalten.

§ 93.

Die an der Generalstabsschule vorzutragenden Fächer verbreiten sich über alle Zweige der Kriegswissenschaft. Sie ziehen, soweit nöthig, auch allgemein wissenschaftliche, vorbereitende Fächer in ihren Bereich, wie Geographie, Geschichte und mathematische Fächer.

Die theoretischen Vorträge sollen mit körperlichen Uebungen auf passende Weise abwechseln.

6. Allgemeine Bestimmungen über den Truppenunterricht.

§ 94.

Diejenige Mannschaft, welche wegen Abwesenheit oder aus andern Gründen erst später als im vorgeschriebenen Alter den Rekrutenunterricht bestehen kann, ist gehalten, wenigstens einen Wiederholungskurs im Auszuge mitzumachen, bevor sie der Reserve oder Landwehr zugetheilt werden kann.

§ 95.

Wenn eine größere Truppenaufstellung zu aktivem Dienst bevorsteht, so ist der Bundesrath zur Abhaltung von außerordentlichen Unterrichts- und Wiederholungskursen berechtigt.

§ 96.

Bei sämmtlichen in den §§ 80 bis 85 vorgeschriebenen Uebungszeiten sind die Einrückungs- und Entlassungstage nicht inbegriffen.

7. Inspektion.

§ 97.

Die Inspektion über das Resultat der Unterrichtskurse wird durch die Inspektoren der verschiedenen Waffen vorgenommen.

§ 98.

Die Inspektion der Wiederholungskurse wird bei den Wiederholungskursen im Regimentsverbande durch den be-

treffenden Brigadier, im Brigadeverbande durch den Divisio=
när, im Divisionsverbande durch den Armeekorpskomman=
banten vorgenommen.

Dem General steht das Recht und die Pflicht zu, so oft
thunlich diesen Inspektionen beizuwohnen.

§ 99.

Die Inspektion erstreckt sich über das Personelle, die Or=
ganisation der Korps, die Instruktion, die Ausrüstung und
die Bewaffnung der Truppen.

§ 100.

Es haben zu gleicher Zeit die Inspektionen über das
Materielle und die Verwaltung der Truppen stattzufinden.

§ 101.

Es lassen sich daher die im § 98 benannten Oberoffi=
ziere durch ihre respektiven Kriegskommissäre begleiten, welche
die Bekleidung und Ausrüstung der Mannschaft und des
Korps, die Anzahl der Mannschaft und Pferde, das Kaser=
nement, die Verpflegung, sowie den gesammten Verwaltungs=
dienst einer genauen Inspektion unterwerfen.

§ 102.

Die Berichte gehen je an die höhere Militärstelle, z. B.
vom Brigadier an den Divisionär, vom Brigadekriegskom=
missär an den Divisionskriegskommissär, von da an den Ar=
meekorpskommandanten und Armeekorpskriegskommissär, und
schließlich durch den Generalstabschef und den Generalkriegs=
kommissär an den General, der sie dem Bundesrathe durch
das eibg. Militärdepartement zustellt.

V. Oberbefehl des Bundesheeres.

§ 103.

Der Oberbefehl der Bundesarmee ist dem General an=
vertraut.

§ 104.

Er wird je auf die Dauer von drei Jahren durch die Bundesversammlung gewählt. Er ist stets wieder wählbar. Es steht indessen der Bundesversammlung unter Umständen jederzeit das Recht zu, ihn abzuberufen oder zu ersetzen. In diesem Falle ist eine Majorität von zwei Dritteln der Stimmen für diese Abberufung vonnöthen.

§ 105.

Der General leitet und überwacht, unter der Aufsicht und Direktion des Bundesrathes und des eidgenössischen Militärdepartements, den Unterricht und die Inspektion der Bundesarmee im Frieden. Im Kriege verordnet er alle militärischen Maßregeln, welche er zur Erreichung des ihm bezeichneten Endzweckes für nothwendig und dienlich erachtet. Er verfügt über alle Kriegsmittel des Landes.

§ 106.

Er übt über alle ihm unterstellten Individuen nach Anleitung der Gesetze und Reglemente die höchste Militärgewalt aus.

§ 107.

Der Oberbefehlshaber macht im Frieden die Vorschläge für die höhern Kommandostellen, deren Wahl der Bundesversammlung zusteht, nämlich für den Generalstabschef und den Generalkriegskommissär.

Dem Bundesrathe macht er Vorschläge für die Wahl der Oberkommandanten des Genie, der Kavallerie, der Artillerie, ferner für die Wahl der Kommandanten der Armeen und Armeekorps, sowie des Generaladjutanten. Er bezeichnet seine persönlichen Adjutanten.

§ 108.

Auf dem Kriegsfuße und im Felde, welcher Zeitpunkt durch die Bundesversammlung durch Ertheilung der Kriegsvollmachten präzisirt wird, steht·dem Oberbefehlshaber das Recht zu, alle ihm untergebenen Offiziere zu ernennen, zu befördern, so bald ihm dieses nützlich und nothwendig er= scheint, sowie diejenigen zu versetzen oder zu entlassen, welche sich als unbrauchbar oder untauglich erwiesen haben.

§ 109.

Ist die Stelle des Generals vorübergehend unbesetzt, so übt im Frieden der Bundesrath durch das Organ des eidg. Militärdepartements, im Felde der nächste im Grade und Dienstalter den Oberbefehl aus, bis durch die Bundesver= sammlung eine neue Wahl getroffen ist. In pressanten Fällen steht dem Bundesrathe das Recht zu, diese Stelle provisorisch zu besetzen.

§ 110.

Dem General zunächst steht der Generalstabschef; er wird nach § 107 auf drei Jahre gewählt; er ist stets wieder wählbar.

§ 111.

Er leitet und überwacht den Dienst der Generalstabs= offiziere, der Offiziere überhaupt. Er vertritt den General und unterzeichnet die Armeebefehle für denselben.

Von ihm gehen sämmtliche Dienstbefehle an die Waffen=, Armeekorps= oder Divisionskommandanten, sowie an die Be= fehlshaber selbstständiger Truppenkorps, aus. Er befiehlt im Auftrage des Generals sämmtliche Operationen und Truppen= bewegungen und nimmt die Rapporte der Unterbefehlshaber entgegen.

§ 112.

Die gesammte Verwaltung des Bundesheeres ist dem Generalkriegskommissär übertragen. Er wird nach § 107·auf drei Jahre gewählt; er ist stets wieder wählbar.

12

§ 103.

Der Generalkriegskommissär leitet und überwacht den Verwaltungsdienst der Armee. Er legt die Voranschläge vor und verfügt die Verwendung der eröffneten Kredite. Er verordnet und verfügt nach Maßgabe der Gesetze und Reglemente alle diejenigen Maßnahmen, welche die Verpflegung und Verwaltung der Armee erfordern.

Im Kriege hat er unbedingte Vollmacht, über alle diejenigen Mittel zu verfügen, welche die Verpflegung und Existenz der Armee sichern. Er verordnet die Requisitionen und Kontributionen.

§ 114.

Im Frieden schlägt er die Abtheilungschefs der Kriegsverwaltung, die Armee- oder Divisionskriegskommissäre dem Bundesrathe zur Wahl vor. Im Felde ernennt und befördert er die Offiziere des Verwaltungsstabes und der Verwaltungsabtheilungen und versetzt oder entläßt diejenigen, welche sich ihrer Stelle und Aufgabe nicht gewachsen zeigen. Er hat hiefür jeweilen die Genehmigung des Generals einzuholen.

§ 115.

Er leitet und überwacht den Unterricht des Verwaltungs- und Verpflegungsdienstes bei den Korps und bei den Verwaltungstruppen, und inspizirt sämmtliches zu diesem Dienste nöthige Personal und Material.

§ 116.

Er vertritt den General und unterzeichnet für denselben in allen Verwaltungssachen, und läßt durch den Generalstabschef in die Armeebefehle alle diejenigen Verfügungen aufnehmen, welche den Verwaltungsdienst betreffen.

§ 117.

Der General, der Generalstabschef, der Generalkriegskommissär bilden den obersten Kriegsrath der Armee. Der

General hat dieselben bei der Beschlußfassung über alle wich=
tigern Operationen und Schlußnahmen gleichzeitig zu Rathe
zu ziehen.

§ 118.

Der General adjutant handhabt die Ordnung und
Disziplin in der Armee, er befehligt die Heerespolizei, sam=
melt und ordnet die täglichen Situationsrapporte über das
Personelle und Materielle, besorgt das Nachrichtenwesen und
gibt die Parole aus. Er wird je für den speziellen Fall
auf Vorschlag des Generals durch den Bundesrath ernannt.

§ 119.

Die Inspektoren der Waffen sind den obersten Armee=
befehlsstellen unmittelbar untergeordnet. Es liegt ihnen der
Unterricht und die Inspektion ihrer respektiven Waffen ob.
Sie besorgen Alles was auf dieselben Bezug hat und sorgen
für deren stete Vervollkommnung.

Es sind dieß der Inspektor

>   des Genie,
>   der Kavallerie,
>   der Artillerie,
>   der Scharfschützen,
>   der Infanterie.

Es können diesen Offizieren außerdem höhere Kommando=
stellen, wie zum Beispiel ein Armeekorpskommando, über=
tragen werden.

§ 120.

Dem Generalkriegskommissär sind zunächst unterstellt:
Der Oberkriegskommissär für das Rechnungswesen,

>   „   „   „ „ Verpflegungswesen,
>   „ „ Transportwesen,
>   „ Ausrüstung, Bekleidung
>   . und Kasernement,

Der Inspektor der Pferderegieverwaltung,
  „ Oberfeldarzt,
  „ Oberpferdarzt,
  „ Oberauditor.

Es bilden dieselben unter dem Vorsitze des General=
kriegskommissärs die Armeeverwaltungskommission, welche die
im Interesse der Armeeverwaltung zu treffenden Maßregeln
zu Handen des eidg. Militärdepartements und des Bundes=
rathes vorberathet oder je nach Umständen selbst entscheidet.
Sie haben je die Direktion und Inspektion |des betreffenden
Armeeverwaltungszweiges, und sorgen für dessen stete Ver=
vollkommnung.

§ 121.

Kommandanten einer Armee werden ernannt falls
aus der Bundesarmee zwei oder mehrere Armeen gebildet
werden, welche selbstständige Aufgaben zu erfüllen haben. Sie
werden für den speziellen Fall bezeichnet.

§ 122.

Die Kommandanten der Armeekorps werden nach
§ 107 gewählt. Sie haben im Felde den Befehl über zwei
oder mehrere Armeedivisionen auszuüben nach den Direktionen,
welche sie vom General erhalten. Im Frieden haben sie die
Inspektion der Truppen ihres Armeekorps.

§ 123.

Die Kommandanten der Territorialdivisionen
werden nach § 107 auf Vorschlag des Generals oder des be=
treffenden Armeekorpskommandanten durch den Bundesrath
gewählt.

Sie leiten und überwachen die Aushebung, Eintheilung
und den Unterricht sämmtlicher in ihrem Divisionsbezirk be=
findlichen wehrfähigen und dienstpflichtigen Mannschaft, nach
Maßgabe der Gesetze und Reglemente und den Befehlen und

Direktionen, welche ihnen vom Generalstabschef, und den Waffenchefs durch ihren Armeekorpskommandanten zukommen.

Im Felde kommandiren sie die aus ihrem Divisionsbezirk hervorgegangene Feldbivision gemischter Waffen.

§ 124.

Sie besorgen alle diejenigen Geschäfte und Inspektionen, welche dazu dienen, den Stand der Truppen ihres Divisions=bezirks auf gutem Fuße zu erhalten und stets zu vervoll=kommnen. Es steht ihnen ein Vorschlagsrecht für die Be=setzung der Stellen ihres Stabschefs, ihrer Adjutanten, ihrer Brigadiers zu. Sie begutachten die Vorschläge für Beför=berung der Stabsoffiziere, Adjutanten und Truppenoffiziere ihrer Division, welche ihnen durch die Korpskommandanten gemacht werden, und legen sie dem General zu Handen des eidg. Militärdepartements und des Bundesrathes zur Be=schlußfassung vor.

§ 125.

Die Kommandanten der Brigaden leiten unter dem Befehle und der Direktion des Divisionskommandanten die Aushebung und den Unterricht der Truppen ihres Bri=gadebezirkes. Sie befehligen ihre Brigade im Felde.

§ 126.

Die Regimentskommandeure leiten unter dem Befehle des Brigadekommandanten die Aushebung und den Unterricht der Truppen ihres Regimentsbezirks. Sie befeh=ligen das Regiment im Felde.

§ 127.

Alle sub §§ 103, 110, 112, 118, 119, 120, 121, 122, 123 und 125 genannten Offiziere haben Oberst= oder Oberst=lieutenantsgrad, die unter §§ 125 und 126 Oberstlieutenants= oder Majorsgrad.

§ 128.

Die Kommandanten der taktischen Truppenkörper leiten den Unterricht und die Verwaltung ihrer Korps nach den Befehlen, welche ihnen vom Regimentskommandeur zukommen.

§ 129.

Die subalternen Offiziere der Truppenkörper unterstützen ihre Korpskommandanten im Unterricht und in der Verwaltung ihres Truppenkörpers; sie werden nach den Bestimmungen des § 64 gewählt und befördert.

§ 130.

Die sub §§ 128 und 129 genannten Offiziere haben Majors-, Hauptmanns-, Oberlieutenants- oder Lieutenants-grad.

VI. Kriegsverwaltung.

1. Organisation.

a. Central-Verwaltung.

§ 131.

Der im § 112 genannte Generalkriegskommissär ist Chef der Armeeverwaltung. Es kommen ihm die in den §§ 113, 114, 115, 116 und 117 angeführten Kompetenzen zu.

§ 132.

Die Kriegsverwaltung wird in Unterabtheilungen eingetheilt, nämlich in die Abtheilung:

1) für das Kassen- und Rechnungswesen;
2) „ „ Verpflegungswesen;
3) „ „ Transportwesen;
4) „ die Ausrüstung, Bekleidung und das Kasernement;
5) „ das Gesundheitswesen;

6) für die Pferdeaushebung und die Regiepferde-Ver-
waltung;

7) „ das Pferdearzneiwesen;

8) „ die Justizpflege und Justizverwaltung.

§ 133.

Diesen Abtheilungen stehen die im § 120 vorgesehenen
Oberkriegskommissäre, der Pferderegie-Inspektor, der Oberfeldarzt, der Oberpferdearzt und der Oberauditor vor. Es
kommen ihnen die in demselben § 120 angeführten Kompetenzen zu.

§ 134.

Diese Abtheilungen zerfallen zum Theil in fernere Unterabtheilungen, nämlich:

die Abtheilung 1):

a. in das Kriegszahlmeisteramt;

b. in das Oberrechnungsbüreau;

die Abtheilung 2):

a. in die Sektion für Brod und Gemüse:

b. „ „ „ „ Fleisch und Fleischsurrogate;

c. „ „ „ „ Getränke und Genußmittel;

d. „ „ „ „ Fourage;

die Abtheilung 3):

a. Eisenbahntransport;

b. Fuhrwerktransport;

c. Postbetrieb;

d. Telegraphenbetrieb;

die Abtheilung 4):

a. Ausrüstung;

b. Bekleidung;

c. Kasernement und Campement;

die Abtheilung 5):

a. ärztlicher Gesundheitsdienst;

b. Spital- und Ambulancen-Verwaltungsdienst;

die Abtheilung 6):

a. Verwaltung und Aufsicht über die Pferde-Regieanstalten;

b. Aufnahme des Pferdebestandes, Pferdeaushebung.

Jeder dieser Verwaltungssektionen steht ein besonderer Direktor vor, sie werden wie die in § 132 angeführten Abtheilungschefs gewählt und haben die Direktion ihres Verwaltungszweiges unter der Leitung des respektiven Abtheilungschefs. Sie bilden je unter demselben eine besondere Commission für die Verwaltungsabtheilung, welche die wichtigern Geschäfte zu berathen und zu entscheiden hat, sofern sie nicht nur begutachtende Stimme haben. Ihr Geschäftskreis wird durch das Reglement näher bezeichnet.

b. Armeekorps-Verwaltung.

§ 135.

Jedem Armeekorps steht in administrativer Hinsicht ein Armeekorpskriegskommissär vor. Sie werden nach § 114 gewählt. Sie leiten und überwachen den gesammten Verwaltungsdienst ihres Armeekorps, legen die Voranschläge vor und verfügen über die Verwendung der Kredite. Sie verordnen und verfügen nach Maßgabe der Gesetze und Reglemente und der Direktionen, welche ihnen von der Centralverwaltung durch ihren Armeekorpskommandanten zugehen, sowie nach dessen Befehlen die Verwaltung und Verpflegung ihres Armeekorps.

Im Felde haben sie Pflicht und Vollmacht, über alle diejenigen Mittel zu verfügen, welche die Verpflegung und Existenz ihres Armeekorps sichern. Sie verordnen hiefür die nöthigen Ankäufe und Requisitionen und ziehen im Auftrag des Generalkriegskommissärs die von demselben verfügten Kontributionen an Geld ein. In dringenden Fällen können sie dieselben von sich aus anordnen.

§ 136.

Zur Ausführung ihrer Aufgabe werden ihnen die nöthigen Stabsoffiziere, Offiziere, Unteroffiziere und Soldaten der Verwaltungstruppen, sowie das nöthige Material zugetheilt.

c. Divisions-Verwaltung.

§ 137.

Jedem Territorial-Divisionsbezirk steht in administrativer Beziehung ein Divisionskriegskommissär vor. Sie werden nach § 114 gewählt. Dem Armeekriegskommissär steht ein Vorschlagsrecht zu.

§ 138.

Sie haben für ihre Division die gleichen Pflichten und Rechte wie die Armeekriegskommissäre nach §§ 135 und 136 für ihr Armeekorps. Sie empfangen Direktionen von demselben durch ihren Divisionskommandanten, sowie dessen Befehle. Sie verwalten die Felddivision ihres Territorial-Bezirkes im Felddienste.

§ 139.

Der Verwaltung der Landwehrbrigade eines Divisionsbezirkes steht der Landwehrbrigade-Kriegskommissär vor. Derselbe vertritt den Divisionskriegskommissär für die Verwaltungsangelegenheiten des Territorial-Divisionsbezirkes bei jeder Mobilisation der Felddivision oder eines großen Theiles derselben. Er hat in diesem Falle für seinen Territorial-Divisionsbezirk die gleichen Rechte und Kompetenzen wie die Divisionskriegskommissäre. In gewöhnlichen Zeiten hat er die Verwaltung der Angelegenheiten der Truppen des Divisionsbezirkes, welche der Landwehr und der Depotmannschaft angehören.

d. Brigade-Verwaltung.

§ 140.

Jeder Infanterie- und Spezialwaffen-Brigade einer Territorial-Division steht in administrativer Hinsicht ein Brigadekriegskommissär vor. Sie werden auf Vorschlag des Divisionskriegskommissärs nach § 114 gewählt. Sie leiten und besorgen unter der Direktion des Divisionskriegkommissärs und den Befehlen ihres Brigadekommandanten die Verwaltung der Truppen ihrer Brigade. Sie haben an den Aushebungen und Musterungen zunächst theilzunehmen, und sich von der richtigen Führung der Mannschaftskontrolen durch fleißige Inspektionen zu überzeugen. Die Aufsicht über den innern Verwaltungsdienst der Truppenkörper ist ihnen unmittelbar übertragen.

§ 141.

Den sub 137, 139 und 140 genannten Verwaltungsstabsoffizieren, vom Oberst-, Oberstlieutenants- oder Majorsgrad, werden die nöthigen Offiziere, Unteroffiziere und Soldaten der Verwaltungstruppen, sowie das nöthige Material zugetheilt.

e. Korps-Verwaltung.

§ 142.

Der Verwaltung der Truppenkörper, Regimenter, Bataillone und Kompagnien, stehen Quartiermeister von Offiziersrang vor. Der Brigadekommissär hat bei der Wahl derselben ein Vorschlagsrecht. Es sind ihnen Unteroffiziere und Soldaten der Verwaltungstruppen, welche zur taktischen Einheit gehören, zugetheilt. Sie haben Hauptmanns- oder Lieutenantsgrad.

§ 143.

Zur Ausführung des Verwaltungsdienstes werden die in § 19 vorgesehenen Verwaltungstruppen gegründet. Es werden die Verwaltungsmannschaften theils den Einheiten der taktischen Körper anderer Waffen zugetheilt, theils bilden sie eigene Einheiten.

2. Bestimmungen für den Verwaltungsdienst.

I. Abtheilung.

a. Kassen- und Rechnungswesen.

§ 144.

Jeder im eidg. Dienste stehende Militär erhält vom Bunde die für seinen Grad durch die Besoldungstafel vorgeschriebene Besoldung.

§ 145.

Besoldungen, welche nicht gesetzlich festgesetzt sind, werden vom Bundesrathe für die Dauer des Dienstes oder Feldzuges bestimmt.

§ 146.

Die Besoldungen werden durch die respektiven Kriegskommissäre bei den Zahlmeistern der diversen Korps angewiesen und nach dem Ausweis der von ihnen visirten Kontrolen ausbezahlt.

Die komptabeln Offiziere der diversen Korps sind für die richtige Auszahlung verantwortlich.

b. Zahlungen für Lieferungen.

§ 147.

Die Ausgaben, welche durch die Bedürfnisse der Truppen veranlaßt werden, sind durch die Zahlmeister auf das

Visa des betreffenden Kriegskommissärs auszurichten; das Visa kommt dem Kriegskommissär zu, welcher die Anschaffung verordnet hat.

§ 148.

Das Verwaltungs = Reglement bestimmt die Kompetenzen.

§ 149.

Falls durch die Korpskommandanten Anschaffungen befohlen werden, welche im Reglement nicht vorgeschrieben sind, so haben die Korpskommandanten den Befehl hiezu, sowie das Zahlungsmandat mit ihrer Unterschrift zu versehen, es wird durch den Kriegskommissär kontrasignirt. Der verordnende Offizier trägt die materielle Verantwortlichkeit.

§ 150.

Die Zahlmeister haben nicht das Recht, irgend Zahlungen zu leisten, welche nicht durch den kompetenten Kriegskommissär visirt sind.

c. Rechnungsstellung und Rechnungsabschluß.

§ 151.

Die Rechnungen der einzelnen Korps sind dem Brigade=kriegskommissär zuzustellen, welcher dieselben in seinem Bureau revidiren läßt; er hat dafür einen Offizier oder Unteroffizier der Rechnungssektion zu seiner Verfügung.

§ 152.

Die im Brigade = Rechnungsbüreau durchgesehenen und wenn nöthig redressirten Rechnungen und Belege, welche von denen des Brigadekriegskommissariates begleitet sind, gehen an das Divisions=Rechnungsbüreau zur Revision, von da in gleicher Weise an das Armeekorps = Rechnungsbüreau oder unter Umständen direkte an das Oberrechnungsbüreau. Sie werden dort definitiv revidirt und abgeschlossen.

§ 153.

Im Unterrichtsdienste und wenn die Dauer einer Auf=
stellung voraussichtlich 3 Monate nicht erreicht, so wird für
die ganze Dauer des Dienstes von jedem Korps nur eine
Rechnung aufgestellt.

§ 154.

Wenn aber die Dauer des Dienstes der einzelnen Korps
voraussichtlich 3 Monate oder mehr erreicht, so sollen die
Rechnungen monatlich abgeschlossen werden. In diesem Falle
sollen die Rechnungen spätestens 3 Tage nach Monatsschluß
auf das Brigadebüreau, am zehnten Tage auf das Divisions=
Rechnungsbüreau, bis am zwanzigsten auf das Armeekorps=
Rechnungsbüreau und spätestens bis Ende des laufenden Mo=
nats zur Oberrevision gelangen. Dieselbe soll nach einem
Monat beendet und die Rechnungssteller entlastet sein. Es
gelten diese Bestimmungen für alle Rechnungsabschlüsse, be=
treffen sie die ganze Dienstdauer oder einen Theil derselben.

§ 155.

Das Verwaltungs=Reglement bestimmt das Nähere über
die Art und Weise der Rechnungsstellung.

II. Abtheilung.

Verpflegungswesen.

§ 156.

Sämmtliche im eidgenössischen Dienst stehende Militärs
haben Anspruch auf Verpflegung durch den Bund. In der
Regel wird die Verpflegung in natura geliefert, unter gewis=
sen Umständen kann sie auch in Geld vergütet werden. Diese
Geldvergütung steht in richtigem Verhältniß mit den Lebens=
mittelpreisen. Sie wird durch den Bundesrath auf Antrag
der Armee=Verwaltungskommission gewöhnlich auf 1 Jahr
bestimmt.

Die im eibg. Dienst befindlichen Pferde haben Anspruch auf Fourage=Rationen. Dieselben werden in der Regel in natura geliefert, unter Umständen können sie in Geld vergütet werden.

§ 157.

Die Verpflegung geschieht in der Regel auf dem Regie=. wege und werden hiebei die Rohmaterialien durch die Verwaltungstruppen auf Rechnung der Verwaltung verarbeitet. Wenn die im Dienst besammelte Mannschaft zu wenig zahlreich ist, um eine Verpflegung auf dem Regiewege eintreten zu lassen, so kann die Verpflegung durch Lieferungsverträge gesichert werden. Verpflegung bei Bürgern kann nur in Ausnahmsfällen angeordnet werden; in diesem Falle erhalten die Gemeinden die als Aequivalent für die Mundportion nach § 156 festgesetzte Entschädigung in Geld.

§ 158.

Die an die Truppen verabfolgte Verpflegung soll reichlich sein und die Zusammensetzung von Nahrungs= und Genußmitteln soll mehr als genügen, um einen Mann bei großen körperlichen Anstrengungen gesund und kräftig zu erhalten. Es muß auf eine passende Abwechslung der Nahrungsmittel Bedacht genommen werden. Die Einrichtung zur Zubereitung der Speisen soll so getroffen werden, daß im Marsche gekocht werden kann. Die Korpsärzte haben diesen Dienst zu überwachen.

§ 159.

Es zerfallen die Verpflegungstruppen in Sektionen, je nach der Art ihrer Verrichtungen. Sie bestehen aus Berufsleuten der betreffenden Geschäftszweige, die Verwaltungs= Offiziere, =Unteroffiziere und =Soldaten sind. Das auf das Verpflegungsgeschäft bezügliche Rechnungswesen besorgen eigens hiezu bestimmte Rechnungsführer.

Das Nähere hierüber bestimmt das Reglement.

III. Abtheilung.

Transportwesen

a. Eisenbahntransport.

§ 160.

In Friedenszeiten geschieht der militärische Transport auf den Eisenbahnen nach den mit den Eisenbahnen vereinbarten und durch die Konzessionen bestimmten Gesetzen und Reglementen.

§ 161.

Die Eisenbahnbetriebsangestellten werden im Frieden für den Kriegsdienst zweckmäßig organisirt und eingeübt. Der in § 134 vorgesehene Direktor des militärischen Eisenbahnbetriebes hat die Oberleitung und den Unterricht dieser Eisenbahnbetriebskorps zu besorgen.

§ 162.

In Zeiten der Kriegsgefahr oder des Krieges ist der Oberbefehlshaber berechtigt, durch den Generalkriegskommissär den Kriegsbetrieb der Eisenbahnen zu verfügen. In diesem Falle übernimmt der Eisenbahntransport-Direktor das sämmtliche Personal und Material der Eisenbahngesellschaften. Es kann übrigens diese Verfügung auch nur für einen gewissen Rayon getroffen werden.

§ 163.

Die Angestellten der betreffenden Eisenbahnlinien treten mit der Dekretirung des militärischen Eisenbahnbetriebes in den Dienst der Eidgenossenschaft über und werden von derselben besoldet und verpflegt. Sie bekleiden entsprechende militärische Grade. Sie stehen unter militärischer Disziplin und Gerichtsbarkeit.

§ 164.

Der Eisenbahndirektor verfügt diejenigen Maßregeln, welche er zur Erzielung des militärischen Endzweckes für

nöthig erachtet. Er kann den Civilbetrieb ganz oder theil=
weise sistiren.

§ 165.

Es wird für die Benutzung des Eisenbahnmaterials und
der Linien der Gesellschaft eine Entschädigung per Kilometer
und Tag des Kriegsbetriebes bezahlt.

Die Einnahmen, |welche während dieser Zeit auf den
Linien durch den fortbetriebenen Civilbetrieb realisirt werden,
fallen der Eidgenossenschaft zu. Das Mittel der reinen Er=
trägnisse des gleichen Monats, der drei unmittelbar vorher=
gegangenen Jahre, bestimmt die Höhe der kilometrischen Ent=
schädigung.

§ 166.

Linie und Material sind nach Aufhebung des Kriegs=
zustandes den Gesellschaften im gleichen Zustande wie bei der
Uebernahme zurückzustellen, bei allfälligen Zerstörungen wird
der Schaden durch Experten ermittelt und den Gesellschaften
ersetzt. Für allfällige Verbesserungen an der Linie, aus
denen die Gesellschaften Vortheil ziehen können, haben sie
entsprechende Rückvergütungen an den Bund zu leisten, welche
ebenfalls durch Experten bestimmt werden. Der gewöhnliche
Abnutzen wird nicht vergütet.

§ 167.

Diese Experten werden durch das Bundesgericht ernannt,
es ist keine Appellation möglich, das Verfahren ist summarisch
und mündlich.

§ 168.

Analoge Bestimmungen gelten für den Kriegsbetrieb der
schweizerischen Dampfschiffe und das zu ihrem Betrieb vor=
handene Material und Personal.

b. Fuhrwerkstransport.

§ 169.

Für den Transport der Armeebedürfnisse, Munition, Gepäck und Lebensmittel, sowie der Ausrüstungsgegenstände, werden die nöthige Anzahl Trainkompagnien errichtet.

§ 170.

Allen taktischen Einheiten werden an Trainmannschaften und Pferden die nöthige Anzahl zum Transport ihrer Caissons und Fourgons und die nöthigen Wagen für ihr Gepäck, ihre Küche und für Lebensmittel für wenigstens 2 Tage zugetheilt. Bei den Truppen zu Fuß wird dieser Trainmannschaft ein berittener Unteroffizier als Sektionschef vorgesetzt. Es bildet diese Mannschaft den Linientrain. Sie gehören zur taktischen Einheit, der sie zugetheilt sind.

§ 171.

Zur Bildung der Lebensmittelkolonne werden Train= kompagnien errichtet, nach dem im § 41 bezeichneten Bedarfe.

§ 172.

Die Bespannung wird durch Armeepferde gebildet. Re= quisitionen in den Gemeinden für Fuhrleistungen können nur ausnahmsweise für Vorspann und außerordentliche Bedürf= nisse vorgenommen werden. In diesem Fall werden Gut= scheine durch den Chef des requirirenden Korps ausgestellt. Die Gemeinden erhalten dafür eine durch das Reglement be= stimmte Entschädigung.

c. Postbetrieb.

§ 173.

Für den Postbetrieb werden den Stäben und Truppen die nöthigen Postbeamten, Kondukteure und Postillone zuge= theilt, sammt Pferden und Postfourgons.

13

Die nähern Bestimmungen sind dem Reglemente vor=
behalten.

d. Telegraphenbetrieb.

§ 174.

Für den Telegraphendienst werden den Stäben die
nöthigen Telegraphisten, Handwerker und Trainsoldaten zu=
getheilt, sammt Pferden, Wagen und Material.

Die nähern Bestimmungen sind dem Reglement vor=
behalten.

IV. Abtheilung.

a. Ausrüstung und Bekleidung.

§ 175.

Die Erstellung der Bewaffnung, Ausrüstung und Be=
kleidung wird theils auf dem Lieferungswege, theils auf dem
Regiewege erzielt. Die Kosten dafür werden durch den Bund
getragen.

§ 176.

Für die ihm überlieferte Ausrüstung und deren guter
Zustand ist jeder einzelne Militär verantwortlich. Für die
Korpsausrüstung sind die betreffenden Chargen und bestellten
Aufsichtspersonen verantwortlich. Diese Ausrüstungsgegen=
stände werden am Besammlungsorte des Korps in ent=
sprechenden Magazinen aufbewahrt.

§ 177.

Der durch den Gebrauch verursachte Abgang und die
Reparaturen werden durch den Bund getragen.

§ 178.

Die aus Muthwillen oder Nachlässigkeit entstandenen
Beschädigungen sind von den Betreffenden zu vergüten, die
unmittelbar Vorgesetzten sind zunächst verantwortlich.

§ 179.

Die Verfertigung der Ausrüstung und Bekleidung, so= weit sie nicht zweckmäßiger auf dem Lieferungswege erhalten werden können, werden in Zeughäusern auf dem Regiewege angefertigt. Es werden hiefür Zeughausdirektoren, Aufseher und Arbeiter angestellt.

§ 180.

Die Aufsicht und Inspektion dieser Zeughäuser sowie der Ausrüstung überhaupt steht für das Geniematerial dem Genie= inspektor, für das Artilleriematerial dem Artillerieinspektor, für das Verwaltungsmaterial den Oberkriegskommissären, für das Sanitätsmaterial dem Oberfeldarzt zu.

§ 181.

Sie überzeugen sich vom guten Zustande des sämmtlichen Kriegsmaterials und ordnen das Nöthige zu dessen Instand= haltung und Verbesserung an.

§ 182.

Das sämmtliche den Kantonen gehörende Kriegsmaterial, sowie die betreffenden baulichen Einrichtungen gehen an den Bund über gegen entsprechende Entschädigung.

b. Kasernement und Unterkunft.

§ 183.

Soweit die Truppen nicht in Kasernen, in Lagern oder Bivouaks untergebracht werden können, werden sie bei den Bürgern und in Bereitschaftslokalen der Gemeinden unter= gebracht. Dieselben haben gegen Quittungen das nöthige Koch= und Lagerholz abzugeben.

§ 184.

In der Regel wird den Gemeinden für das Quartier keine Entschädigung entrichtet, für die Benutzung von Lager=

ftroh treffen die Quartiermeifter und Kriegskommiffäre mit
denfelben paffende Uebereinkommen. Es werden auf den
hiefür an die Gemeinden ausgeftellten Gutfcheinen diefe Ueber=
einkommen notirt. In ftroh= und ftreuarmen Gegenden wird
billige Rückficht auf diefen Umftand genommen.

§ 185.

Die Gemeinden haben unentgeltlich anzuweifen, foweit
es die Räumlichkeiten geftatten, Büreau für die Stäbe, Wacht=,
Kranken= und Arreftlokale, die Parkplätze für die Kriegsfuhr=
werke, Magazine für die Armeebedürfniffe, fowie die Werk=
ftätten für die verfchiedenen Militärhandwerke.

§ 186.

Die den Kantonen gehörenden Kafernen und deren In=
ventar gehen an den Bund über gegen entfprechende Ent=
fchädigung. Es werden von demfelben Kafernenverwaltungen
aufgeftellt. Der in § 134 vorgefehene Kafernendirektor hat
die Infpektion derfelben.

V. Abtheilung.

Gefundheitsdienft.

a. Aerztlicher Gefundheitsdienft.

§ 187.

Jeder im Dienfte oder in Folge des Dienftes erkrankte
oder verwundete Militär hat Anfpruch auf ärztliche Behand=
lung und Verpflegung bis zu feiner Herftellung.

§ 188.

Die Behandlung der Kranken ift den Aerzten der Korps,
Ambulancen und Spitäler anvertraut. Es können nur Aerzte
verwendet werden, welche im Befitze eines Konkordatsdiploms
oder eines entfprechenden Fähigkeitsausweifes find. Ausnahms=

weife können Studirende der Medizin, welche durch die Kli=
niker der Universitäten empfohlen sind, als Assistenzärzte ver=
wendet werden.

§ 189.

Die in den Ambulancen und Spitälern verabreichten
Arzneimittel sind in der Regel durch Militärapotheker herzu=
stellen, es gilt für deren Verwendung die gleiche Bestimmung
wie für die Aerzte.

§ 190.

Als Gehülfen sind den Aerzten die nöthige Anzahl
Krankenwärter zuzutheilen.

§ 191.

Die in den §§ 188, 189 und 190 bezeichneten Militärs
haben entsprechende militärische Kurse durchzumachen, sie be=
kleiden militärische Offiziers= und Unteroffiziersgrade oder sind
Soldaten. An der Spitze dieses Dienstes steht der Ober=
feldarzt.

b. Spital- und Ambulancen-Verwaltungsdienst.

§ 192.

Für den Verwaltungsdienst der Spitäler und Ambu=
lancen sind Spitalkommissäre zu verwenden, sie haben Offi=
ziersgrad, es werden ihnen die nöthigen Unteroffiziere und
Soldaten der Verwaltungstruppen zugetheilt.

§ 193.

Sie können je nach der ihnen übergebenen Aufgabe einen
entsprechenden Offiziersgrad bekleiden. Dem Spitalverwaltungs=
dienst einer Division steht ein Offizier von mindestens Haupt=
mannsgrad vor. Ein Offizier von mindestens Majorsgrad
leitet den gesammten Spitalverwaltungsdienst. Er hat zu
diesem Zwecke sowohl vom Oberfeldarzt als von dem be=
treffenden Oberkriegskommissär Direktionen zu empfangen.

§ 194.

Di̦ Re̦g̦lemențe ̦ü̦ber den Armeeverwaltungs= und Ge=
w̦ir̦th̦sch̦af̦ț bestimmen das Nähere.

VI. Abtheilung.

Verwaltung der Armeepferde.

a. Regieanstalten.

§ 195.

Für den Truppenunterricht der Kavallerie, Artillerie,
des Trains 2c., setzt sich die Eidgenossenschaft durch Ankauf
in den Besitz der nöthigen Pferde. Ausnahmsweise können
bei Divisionsmanövern fehlende Pferde eingemiethet werden.
Die Anzahl der der Eidgenossenschaft gehörenden Pferde
richtet sich nach dem Bedarfe. Der Miethpreis wird je durch
den Bundesrath auf Antrag der Verwaltungskommission fest=
gestellt.

§ 196.

Den berittenen Offizieren, welche effektiv eigene Pferde
halten, wird ein angemessener Beitrag an die daherigen
Kosten des Unterhaltes ausgerichtet. Es wird dieser Bei=
trag wie in § 195 bestimmt. Im Falle von effektivem
Dienste mit ihren Pferden erhalten sie bloß Fourageationen,
aber keine Entschädigung für Pferdemiethe.

§ 197.

Zur Verwaltung und Pflege der Armeepferde werden
die nöthigen Pferderegie=Anstalten gegründet. Sie kaufen
die Pferde nach einem auf Antrag der Armeeverwaltungs=
kommission vorgelegten, vom Bundesrathe genehmigten Bud=
get und verkaufen auf gleiche Weise die Pferde, welche aus=
rangirt werden sollen.

§ 198.

Es liegt ihnen die Dressur und Wartung der Remonte=
pferde ob, zu welchem Zwecke so viel möglich Offiziere, Unter=
offiziere und Soldaten der Kavallerie und des Train zu ver=
wenden sind. Es bildet dieß einen Theil des Bildungsganges
der berittenen Truppen. Sie bilden außerdem militärische
Offiziersbediente, welche den berittenen Offizieren zugetheilt
werden können.

§ 199.

Die Direktoren der Pferde = Regieanstalten haben ent=
sprechende militärische Grade und ertheilen in der Regel den
Reitunterricht in den Remontekursen und bei andern derar=
tigen Gelegenheiten.

§ 200.

Die Inspektion dieser Anstalten ist dem in § 145 ge=
nannten Pferderegie=Inspektor anvertraut. Es hat dieser Of=
fizier alle Anträge, welche auf diesen Dienst Bezug haben,
zu stellen und deren Ausführung zu überwachen.

b. Ausmittlung des Pferdebestandes und Pferdeaushebung.

§ 201.

Jährlich wird unter Mitwirkung der Regieanstaltsdirek=
toren und Sachverständigen ein genauer Bestand der im Ge=
biete der Eidgenossenschaft vorhandenen Pferde aufgenommen.
Dieser Bestand weist aus die Anzahl aller im Gebiete des
Militärbezirks befindlichen diensttauglichen Pferde und Maul=
thiere für jede Waffe, nämlich für Offiziers=, Kavallerie=, Ar=
tillerie= und Trainpferde, sowie den Preis, welcher für jede
Kategorie den durchschnittlichen landläufigen Werth darstellt.

§ 202.

Die Register sind in einem Doppel dem Divisionskriegs=
kommissär zuzustellen.

§ 203.

Bei Kriegsgefahr oder Krieg verordnet der Bundesrath auf Antrag des Generals oder Generalkriegskommissärs die Aushebung der Pferde zu Kriegszwecken. Diese Aushebung kann sich über die ganze Eidgenossenschaft oder einen Theil derselben erstrecken.

§ 204.

Es sind in diesem Falle alle in den Bezirken befindlichen, nicht schon der Armee zugetheilten Pferde an einem bestimmten Tage vorzuführen. Eine Expertenkommission von 5 Mitgliedern, in der die Militär- und Civilbehörden vertreten sind, wählt darunter die diensttauglichen Pferde für jede Kategorie aus. Es werden dieselben zur Seite gestellt und daraus der Bedarf der Armee gedeckt. Man nimmt billige Rücksicht auf diejenigen Besitzer, die mehrere Pferde vorführen. Der durch die Kommission bestimmte Werth wird den Besitzern zur Hälfte sofort, zur Hälfte nach einem Monat ausbezahlt. Es treten damit die Pferde in das Eigenthum der Eidgenossenschaft über, die vorherigen Eigenthümer können keine anderweitigen Ansprüche erheben. Vorbehalten sind die Bestimmungen über die Wehrschaftsmängel.

§ 205.

Eigenthümer, welche Pferde verheimlichen, verfallen in eine angemessene Strafe, welche durch die Militärgerichte bestimmt wird. Sie können außerdem Konfiskation der betreffenden Pferde erkennen.

§ 206.

Die Armeepferde können, wenn nicht im Gebrauche, an Gutsbesitzer und Landwirthe unter sichernden Bedingungen an Kost und Pflege gegeben werden.

§ 207.

Ein Reglement bestimmt das Nähere über die Ausführung der in den §§ 195 bis 207 enthaltenen Grundsätze.

§ 198.

Es liegt ihnen die Dressur und Wartung der Remonte-pferde ob, zu welchem Zwecke so viel möglich Offiziere, Unter-offiziere und Soldaten der Kavallerie und des Train zu ver-wenden sind. Es bildet dieß einen Theil des Bildungsganges der berittenen Truppen. Sie bilden außerdem militärische Offiziersbediente, welche den berittenen Offizieren zugetheilt werden können.

§ 199.

Die Direktoren der Pferde = Regieanstalten haben ent-sprechende militärische Grade und ertheilen in der Regel den Reitunterricht in den Remontekursen und bei andern derar-tigen Gelegenheiten.

§ 200.

Die Inspektion dieser Anstalten ist dem in § 145 ge-nannten Pferderegie=Inspektor anvertraut. Es hat dieser Of-fizier alle Anträge, welche auf diesen Dienst Bezug haben, zu stellen und deren Ausführung zu überwachen.

b. Ausmittlung des Pferdebestandes und Pferdeaushebung.

§ 201.

Jährlich wird unter Mitwirkung der Regieanstaltsdirek-toren und Sachverständigen ein genauer Bestand der im Ge-biete der Eidgenossenschaft vorhandenen Pferde aufgenommen. Dieser Bestand weist aus die Anzahl aller im Gebiete des Militärbezirks befindlichen diensttauglichen Pferde und Maul-thiere für jede Waffe, nämlich für Offiziers=, Kavallerie=, Ar-tillerie= und Trainpferde, sowie den Preis, welcher für jede Kategorie den durchschnittlichen landläufigen Werth darstellt.

§ 202.

Die Register sind in einem Doppel dem Divisionskriegs-kommissär zuzustellen.

§ 203.

Bei Kriegsgefahr oder Krieg verordnet der Bundesrath auf Antrag des Generals oder Generalkriegskommiſſärs die Aushebung der Pferde zu Kriegszwecken. Dieſe Aushebung kann ſich über die ganze Eidgenoſſenſchaft oder einen Theil derſelben erſtrecken.

§ 204.

Es ſind in dieſem Falle alle in den Bezirken befindlichen, nicht ſchon der Armee zugetheilten Pferde an einem beſtimm= ten Tage vorzuführen. Eine Expertenkommiſſion von 5 Mit= gliedern, in der die Militär= und Civilbehörden vertreten ſind, wählt darunter die dienſttauglichen Pferde für jede Kategorie aus. Es werden dieſelben zur Seite geſtellt und daraus der Bedarf der Armee gedeckt. Man nimmt billige Rückſicht auf diejenigen Beſitzer, die mehrere Pferde vorführen. Der durch die Kommiſſion beſtimmte Werth wird den Beſitzern zur Hälfte ſofort, zur Hälfte nach einem Monat ausbezahlt. Es treten damit die Pferde in das Eigenthum der Eidgenoſſen= ſchaft über, die vorherigen Eigenthümer können keine ander= weitigen Anſprüche erheben. Vorbehalten ſind die Beſtim= mungen über die Wehrſchaftsmängel.

§ 205.

Eigenthümer, welche Pferde verheimlichen, verfallen in eine angemeſſene Strafe, welche durch die Militärgerichte be= ſtimmt wird. Sie können außerdem Konfiskation der betref= fenden Pferde erkennen.

§ 206.

Die Armeepferde können, wenn nicht im Gebrauche, an Gutsbeſitzer und Landwirthe unter ſichernden Bedingungen an Koſt und Pflege gegeben werden.

§ 207.

Ein Reglement beſtimmt das Nähere über die Ausfüh= rung der in den §§ 195 bis 207 enthaltenen Grundſätze.

VII. Abtheilung.

Veterinärwesen.

§ 208.

Zur Pflege erkrankter Pferde, sowie auch zum Untersuch der für die Armee bestimmten Schlachtthiere, werden Pferdeärzte den Korps zugetheilt.

§ 209.

Sie besorgen alles auf die Heilung der erkrankten Pferde Bezügliche und übernehmen die Direktion von Kuranstalten. Sie nehmen Theil bei den Schatzungen der Pferde und unterzeichnen die Verbale, welche durch deren Abgang veranlaßt werden. Sie bekleiden Offiziersgrad und machen daherige militärische Unterrichtskurse mit.

§ 210.

Der Oberpferdearzt ist Direktor und Inspektor dieses Dienstes; er sorgt für dessen stete Vervollkommnung.

VIII. Abtheilung.

Justizpflege.

§ 211.

Sämmtliche schweizerischen Militärpersonen oder, im Kriegsfall, Gefangene, Ueberläufer und Deserteure auswärtiger Armeen, sowie der Spionage oder Vergehen gegen die Armee angeklagten Civilpersonen sind den eidgenössischen Kriegsgesetzen unterworfen.

§ 212.

Es werden zur Aburtheilung von Vergehen, welche sich nicht auf disziplinarischem Wege erledigen lassen, und von Verbrechen Militärgerichte niedergesetzt. Dieselben werden in

der Regel für den speziellen Fall durch den Bundesrath er=
nannt. Es können auch Militärgerichte auf Zeit ernannt
werden.

§ 213.

Die Schlußverhandlungen sind immer öffentlich; es ent=
scheiden über die Frage der Schuld oder Nichtschuld Ge=
schworne. Dieselben werden nach Anleitung des Gesetzes über
die Strafrechtspflege in der eidgenössischen Armee bezeichnet
und ausgeloost.

§ 214.

Die Voruntersuchung und Anklage wird durch Audi=
toren geleitet; es ist jeder Division wenigstens 1 Auditor
ordentlicherweise zugetheilt.

§ 215.

Den Vorsitz der Kriegsgerichte führen die Großrichter
der Divisionen; sie leiten und überwachen die Justizpflege bei
ihrer Division.

§ 216.

Der Oberauditor hat die Aufsicht über die gesammte
Justizpflege bei der Armee. Er beantragt die Verbesserungen
und Abänderungen, welche allenfalls in derselben vorgenom=
men werden sollen.

VII. Schlußbestimmungen.

§ 217.

Alle im Militärdienst stehenden Personen, die für diesen
Dienst erforderlichen Militäreffekten, Armeefuhrwerke, Ge=
bäude, Anstalten, Werkstätten, Lebensmittel und Getränke
sind von Bezahlung aller Arten Steuern, Abgaben und Kon=
sumsteuern in den Kantonen und Gemeinden befreit.

§ 218.

Es dürfen in den Kantonen keine öffentlichen Werke er=
richtet werden, welche die militärischen Interessen der Eidge=
nossenschaft verletzen. Wer dieses Verbot übertritt, hat keinen
Anspruch auf Entschädigung bei Zerstörung des betreffenden
Werkes; dieselbe kann gegentheils auf seine Kosten vorge=
nommen werden, falls er zuständigen Ortes gewarnt wor=
den war.

§ 219.

Alles in dem Gebiete der Eidgenossenschaft vorhandene
Eigenthum muß gegen volle Entschädigung zu Kriegszwecken
abgetreten werden, falls dessen Benutzung zur Erreichung der=
selben den Armeebehörden nothwendig erscheint.

§ 220.

Für Zerstörungen und Beschädigungen aller Art, welche
durch Truppen und militärische Vorkehren an öffentlichem
und Privateigenthum verursacht werden, wird vom Bunde
Entschädigung geleistet. Der Schaden wird durch freie Ueber=
einkunft mit dem Beschädigten und, wenn solches nicht mög=
lich ist, durch Expertise ermittelt.

§ 221.

In letzterm Falle wählt der Brigadier oder Divisionär,
durch dessen Truppen die Beschädigung geschah, einen Exper=
ten, die Gemeinds=, Bezirks= oder Kantonsbehörde, wenn der
Schaden sich auf mehrere Bezirke verbreitet, den andern Ex=
perten. Das Mittel beider Schatzungen, wenn sie sich nicht
einigen können, ergibt die Höhe der auszurichtenden Entschä=
digung. Es ist Sache der respektiven Kriegskommissäre, das
Verfahren zu leiten und hierüber die nöthigen Verbale an=
zufertigen.

§ 222.

Der Bundesgesetzgebung bleibt es vorbehalten, alle Gesetze und Reglemente über das Wehrwesen zu beschließen und dasselbe steter Vervollkommnung entgegenzuführen.

Bevölkerungsstatistik

der

neun Militär-Divisionsbezirke.

Projekt nach beigelegter Karte.

Volkszählung vom 1. Dezember 1871. (Zufällig Anwesende eingerechnet, die Abwesenden sind nicht berücksichtigt.)

I. Divisionsbezirk.
Divisions-Hauptquartier: Biel.
Infanteriebrigaden-Hauptquartiere: Neuenburg, Delsberg, Solothurn.

Neuenburg.[1]	Neuenburg	19,572
	Chaux-de-Fonds	23,644
	Locle	17,311
	Val de Ruz	8,801
	Val de Travers	15,828
Bern.	Aarwangen	25,164
	Biel	10,727
	Büren	8,874
	Courtelary	22,841
	Delsberg[2]	13,171
	Uebertrag	165,933

[1] Bataillon 23, Neuenburg, stand am 1. Dezember im Bezirk Delsberg mit circa 700 Mann, ist dem Kanton Neuenburg noch zuzuzählen.

[2] Obiges Bataillon 23, Neuenburg, wäre dem Bezirke Delsberg abzuzählen.

		Uebertrag	165,933
	Freibergen	. . . .	10,850
	Laufen	. . . .	5,687
	Münster	. . . .	13,813
	Neuenstadt	. . . .	4,422
	Pruntrut⁵)	. . . .	27,859
	Wangen	. . . .	19,429
Solothurn.	Solothurn	. . . .	16,209
	Balsthal	. . . .	12,395
	Bucheggberg	. . . .	15,144
	Dorneck	. . . .	13,139
			304,920

⁵) Bataillone 84, Genf, und 45, Waadt, standen am 1. Dezember im Bezirk Pruntrut mit 714 und 732 Mann, außerdem noch viele Flücht= linge. Die richtige Zahl für Pruntrut mit Zuzählung der zufällig Ab= wesenden und Abrechnung der zufällig Anwesenden ist 23,974. Differenz ·3885.

II. Divisionsbezirk.

Divisions-Hauptquartier: Aarau.
Infanteriebrigaden-Hauptquartiere: Liestal, Olten, Brugg.

Basel.	Baselstadt	44,834
	Basel Landgemeinden	2,926
Baselland.	Liestal	13,203
	Arlesheim	15,572
	Sissach	15,487
	Waldenburg	9,873
Solothurn.	Olten-Gösgen	17,831
Aargau.	Aarau	19,247
	Baden	23,462
	Bremgarten	18,751
	Brugg	17,162
	Kulm	20,790
	Laufenburg	14,407
	Lenzburg	18,497
	Rheinfelden	11,417
	Zofingen	26,986
	Zurzach	13,861
		304,306

III. Divisionsbezirk.

Divisions-Hauptquartier: Zürich.
Infanteriebrigaden-Hauptquartiere: Winterthur, Schaffhausen, Uster.

Zürich.	Zürich	73,646
	Andelfingen	17,527
	Bülach	20,691
	Hinweil	27,709
	Meilen	19,788
	Pfäffikon	18,225
	Regensberg	14,341
	Uster	17,293
	Winterthur	35,899
Schaffhausen.	Schaffhausen	15,467
	Oberklettgau	6,205
	Unterklettgau	4,274
	Neyath	4,618
	Schleitheim	4,301
Thurgau.	Dießenhofen	3,676
		283,660

IV. Divisionsbezirk.

Divisions-Hauptquartier: St. Gallen.
Infanteriebrigaden-Hauptquartiere: Lichtensteig, Altstädten, Bischoffszell.

St. Gallen.	St. Gallen	16,676
	Alt-Toggenburg	11,060
	Gaster	7,326
	Gossau	11,941
	Neu-Toggenburg	12,392
	Ober-Rheinthal	16,327
	Ober-Toggenburg	12,080
	Rorschach	11,223
	Seebezirk	13,609
	Tablatt	9,832
	Unter-Rheinthal	13,147
	Unter-Toggenburg	15,700
	Werdenberg	14,355
	Wyl	8,685
Appenzell A.-Rh.	Vor der Sitter	29,321
	Hinter der Sitter	19,413
Appenzell J.-Rh.	Hinter der Sitter	11,914
Thurgau.	Frauenfeld[1])	13,971
	Arbon	13,055
	Bischoffszell	11,012
	Gottlieben	13,229
	Steckborn	11,496
	Tobel	14,201
	Weinfelden	12,670
Schaffhausen.	Stein a./Rh.[1])	2,856
		327,491

[1]) Durch Zutheilung der Bezirke Stein und Frauenfeld zum 3. Divisionsbezirke würde der zu große 4. Bezirk auf 310,664 Einwohner re-

14

V. Divisionsbezirk.

Divisions-Hauptquartier: Lausanne.
Infanteriebrigaden-Hauptquartiere: Genf, Yverdon, Morges.

Genf.[2]	Stadt	47,581
	Rechtes Ufer	9,706
	Linkes Ufer	36,829
Waadt.[3]	Lausanne	33,032
	Aubonne	8,738
	Cossonay	11,784
	Echallens	9,857
	Grandson	12,472
	Lavaux	9,942
	Morges	13,973
	Moudon	11,003
Waadt.	Nyon	12,293
	Orbe	13,922
	Oron	6,740
	Rolle	5,988
	Vallé	5,935
	Yverdon	15,641
Neuenburg.	Vorbry	12,130
Freiburg.	Broye	13,704
		291,270

buzirt, der dritte auf 300,487 vermehrt. Es würde dieses besser harmo=
niren, eine ähnliche Markirung ist notirt. Das späte Erscheinen des letzten
Heftes des Orts= und Bevölkerungslexikons veranlaßte die erste Eintheilung
auf Grundlage der alten Volkszählung.

[2] Das Bataillon 84 mit 714 Mann muß dazu gezählt werden,
stand in Pruntrut.

[3] Das Bataillon 45 mit 732 Mann muß dazu gezählt werden,
stand in Pruntrut.

VI. Divisionsbezirk.

Divisions-Hauptquartier: St. Moritz.
Infanteriebrigaden-Hauptquartiere: Freiburg, Sitten, Aigle.

Waadt.	Avenches	5,483
	Payerne	10,365
	Pays d'en haut	4,320
	Vevey	22,107
	Aigle	17,911
Freiburg.	Saane	25,544
	Glane	13,175
	Greyerz	19,404
	Lac	14,840
	Senfe	16,375
	Veveyse	7,855
Bern.	Frutigen	10,588
	Saanen	5,122
	Schwarzenburg	11,235
	Obersimmenthal	7,923
	Niedersimmenthal	10,356
Wallis.	Sitten	9,114
	Brieg	5,171
	Conthey	7,362
	Entremont	10,026
	Goms	4,391
	Herens	6,230
	Leuk	5,650
	Martigny	11,043
	Monthey	10,006
	Raron	5,557
	St. Maurice	6,699
	Siders	9,333
	Visp	6,599
		299,784

VII. Divisionsbezirk.

Divisions-Hauptquartier: Bern.
Infanteriebrigaden-Hauptquartiere: Aarberg, Burgdorf, Thun.

Bern.

Bern	60,499
Aarberg	16,242
Burgdorf	27,276
Erlach	6,514
Fraubrunnen	13,000
Interlaken	23,737
Konolfingen	25,818
Laupen	9,206
Nidau	12,287
Oberhasle	7,476
Seftigen	19,827
Signau	23,650
Thun	29,346
Trachselwald	23,622
	298,500

VIII. Divisionsbezirk.

Divisions-Hauptquartier: Luzern.
Infanteriebrigaden-Hauptquartiere: Sursee, Zug, Schwyz.

Luzern.	Luzern	33,818
	Entlebuch	16,586
	Hochdorf	17,277
	Sursee	32,037
	Willisau	32,619
Aargau.	Muri	14,294
Zürich.	Affoltern	12,818
	Horgen	26,930
Schwyz.	Schwyz	19,564
	Einsiedeln	7,633
	Gersau	2,274
	Höfe	4,551
	Küßnacht	2,853
	March	10,832
Unterwalden.	Ob dem Wald	14,413
	Nid dem Wald	11,700
Zug.	Zug	20,993
		281,192

IX. Divisionsbezirk.

Divisions-Hauptquartier: Chur.
Infanteriebrigaden-Hauptquartiere: Bellenz, Glarus, Franz.

Uri.	Uri	14,693
	Urseren	1,415
Graubünden.	Plessur	10,467
	Albula	6,457
	Bernina	4,039
	Glenner	10,674
	Heinzenberg	6,852
	Hinterrhein	3,459
	Im Boden	5,384
	Inn	6,175
	Maloja	5,182
	Moesa	6,707
	Münsterthal	1,426
	Oberlandquart	7,288
	Unterlandquart	11,732
	Vorderrhein	5,954
Tessin.	Bellenz	12,787
	Locarno	22,827
	Lugano	37,570
	Blenio	7,131
	Leventino	10,030
	Mendrisio	18,164
	Riviera	4,506
	Valle Maggia	6,653
Glarus.	Glarus	35,150
St. Gallen.	Sargans	16,743
		279,463

Rekapitulation.

1. Divisionsbezirk	. .	304,880
2.	„	. .	304,306
3.*)	„	. .	300,487
4.*)	„	. .	310,664
5.		. .	291,270
6.	„	. .	299,784
7.		. .	298,500
8.		. .	281,192
9.		. .	279,463
			2,670,546

Bemerkungen zur Bevölkerungsstatistik.

Im Jahr 1860 waren Einwohner 2,510,494, darunter männlichen Geschlechtes . . . . 1,236,363.

Es befanden sich davon im Alter von:

schweizerischen Ursprungs und daselbst wohnhaft.

20 Jahren	22,900			
		Rekrutenklasse	22,900
21	„	20,034		
22	„	19,943		
23	„	18,568		
24	„	19,161		
25	„	19,319		
26	„	18,819		
27	„	17,372		
28	„	17,144		
		Auszügerklasse	150,360
		Uebertrag	150,360

*) Korrigirt siehe Seite 209 (Bemerkungen).

Uebertrag 150,360

29 Jahren	16,250	
30 „ .	19,610	
31 „	16,224	
32 „	17,220	
33 „	16,436	
34 „	16,754	
35 „	16,688	
36 „	16,359	
37 „	15,373	
38 „	15,625	

Reserveklasse 167,539

39 „	14,900	
40—44 „	69,040	

Landwehrklasse 83,940

Von 21 bis und mit 44 Jahren, Total: 401,839

Volkszählung 1870. Einwohnerzahl:

offizielle Zahl . . . 2,670,345

unsere Rechnung . . 2,670,546

Die Einwohnerzahl ist gestiegen um 159,851.

Die Zahl der Einwohner männlichen Geschlechts, gleiche Proportionen beibehalten, von 21 bis 44 Jahren beträgt somit 423,436 Mann. Im Kanton Waadt zeigte sich im Jahre 1870, daß von 100 Rekruten 81 diensttauglich erkannt wurden, immerhin werden noch eine Anzahl im Laufe der Jahre dienstuntauglich. Schwyz hat 73 % eingetheilt. Rechnen wir niedriger, nur $7/10$ diensttaugliche und $3/10$ untaugliche, so ergibt das auf die dienstpflichtigen Männer von 21—44 im Ganzen wahrscheinlich diensttaugliche Männer 296,405. Es blieben somit an Depotmannschaften ohne die Rekrutenklasse von 20 Jahren mit 22,900 noch 46,405 zum Ausfüllen der Lücken übrig. Es macht dieß beinahe $1/5$ = 20 % der vorgesehenen organisirten Korps aus.

Feld=Armee: 200,000 Mann.
Besatzungstruppen: 50,000 Mann.

Generalkriegskommiffär.

Seine perſönlichen Adjutanten. (2.)
Ein Sekretär.

Stabschef des Kriegskommiffariates,

Dirigent des Kriegskommiffariatsbüreau's.
Sein Adjutant.

---

1) Für Rechnungswesen; 2) für Verpflegung; 3) für Transporte; 4) für Equipement; 5) für Pferderegie; 6) für Gesundheitswesen; 7) für Veterinärwesen; 8) Rechtspflege.

Geleitet durch die reſpektiven Oberſtkriegskommiffäre.
    ″   ″   den Regie=Inſpektor.
    ″   ″   ″ Oberfeldarzt.
    ″   ″   ″ Oberpferdarzt.
    ″   ″   ″ Oberauditor.

Chefs der Unterabtheilungen dieser Abtheilungen:
1) Kriegszahlmeiſter; Oberrechnungsreviſor.
3) Eiſenbahndirektor; Fuhrparkdirektor; Poſt= und Telegraphendirektor.
6) Spezieller Gesundheitsdienſt; Spitalverwaltung.
    Ihre Gehülfen und Sekretäre.

Ordonnanzen und Plantons.

Total : 40,000 Mann.

Armeekorpskriegskommissär.
Zwei Adjutanten.

Stabsoffiziere und Adjutanten für die verschiedenen
Dienstzweige ;
nämlich : Armeekorpsverpflegungsdirektor ;
Armeekorpszahlmeister ;
Armeekorpsrechnungskontroleur ;
Armeekorpstransportdirektor ;
Armeekorpsinspektor der Ausrüstung und Be-
kleidung ;
Armeekorpsregiedirektor ;
Armeekorpsoberarzt.

Ihre Gehülfen und Sekretäre.

n. Ordonnanzen und Plantons.

Kavallerie.

er=Guidenkompagnie Nr. 1
Gensdarmeriekompagnie N
Den Stäben attachirt.)

alleriebrigade Nr. 1.
Brigadier.
htant.   Sein Kriegskom

Kavallerieregiment.
agonerschwadronen Nrn. 1

Kavallerieregiment.

Munitionspark.

Parkdirektor.
Sein Adjutant.

Parkkolonne Nr. 1.
züger=Parktrainkompagnie Nr. 1.
uszüger=Parkkompagnie Nr. 1.

Parkkolonne Nr. 2.
erve=Parktrainkompagnie Nr. 2.
uszüger=Parkkompagnie Nr. 2.

Kavallerie.

er=Guidenkompagnie Nr. 1
Gensdarmeriekompagnie N
Den Stäben attachirt.)

alleriebrigade Nr. 1.
Brigadier.
utant.   Sein Kriegskon

. Kavallerieregiment.
agonerschwadronen Nrn. 1

. Kavallerieregiment.

Munitionspark.

Parkdirektor.
Sein Adjutant.

Parkkolonne Nr. 1.
züger=Parktrainkompagnie Nr. 1.
uszüger=Parkkompagnie Nr. 1.

Parkkolonne Nr. 2.
erve=Parktrainkompagnie Nr. 2.
uszüger=Parkkompagnie Nr. 2.

erie.

i

im Generalhauptquart

allerie.

wallerie.

achen.

diverſen Zweige.

alleriehauptquartier.

er.

beamte.

armerie.

Stabschefschen Büreaus.

1 Gehülfen.

Zurbeiten.

Divisionsadjutant. Divisionskriegskommissär.

1 Adjutant.   Sein Adjutant.

Serbe.

5—6 Kompagnie Pontoniers.
2½—3 Kompagn. Pontons=Trains.
Verwaltungstrupp.
1—2 Kompagnie Eisenbahnbaukorps.
1—2   „   Telegraphenbaukorps.

Sämmtliche Larpagnien Pontoniers,

Stand einer 'torial-Divisionsbezirke (Armeekorpsbezirke),
00 Mann.

1.
besteht aus 3

3. Landwehrregiment
Landwehrbataillon Nr. 169.
       „   Nr. 170.
       „   Nr. 171.

Sd
2 Schützenb lerie.
    e zuge=
    len.

Aus der Geniereserve zugetheilte

Genietruppen.

lgen Bestandes.

Stand einer   rial=Divisionsbezirke (Armeekorpsbezirke), Mann.

1.

3. Landwehrregiment

besteht aus 3   Landwehrbataillon Nr. 169.

           „   Nr. 170.

           „   Nr. 171.

Sc

2 Schützenbatterie.

e zuge=

en.

Aus der Geniereserve zugetheilte

Genietruppen.

gen Bestandes.

Genie.

Stand der organisirten Einheiten.

	Mannschaft.	Sappeurs.	Pontoniers.	Eisenbahn- u. Telegraphen-Bautorps.
Hauptmann		1	1	1	1
Oberlieutenant		1	1	1	2
Lieutenant		2	2	2	1
Feldweibel		1	1	1	1
Fourier		1	1	1	5
Wachtmeister		5	5	5	5
Korporale		5	5	5	
Train-Wachtmeister oder =Korporal	1				1
Frater	2	1	1	2
Tambour	2	2	2	2
Trainsoldaten	6	6	6	6

... Soldaten, dar=

Genie.

Stand der organisirten Einheiten.

Mannschaft.	Sappeurs.	Pontoniers.	Eisenbahn- u. Telegraphen-Baukorps.
Hauptmann	1	1	1	1
Oberlieutenant	1	1	1	1
Lieutenant	2	2	2	2
Feldweibel	1	1	1	1
Fourier	1	1	1	1
Wachtmeister	5	5	5	5
Korporale	5	5	5	5
Train-Wachtmeister oder -Korporal	1	1	1	1
Frater	2	2	2	2
Tambour	2	2	2	2
Trainsoldaten	6	6	6	6
Geniesoldaten, darunter je				

'

Artillerie.
Munitions-Parkkolonnen.

Mannschaft.	Parkkompagnie.	Parktrainkomp.
Hauptmann, Chef der Kolonne	1	
Oberlieutenant	1	1
Lieutenant	1	1
Arzt		
Pferdarzt	—	1
Feldweibel	1	1
Fourier	1	1
Trainwachtmeister	—	1
Kanonierwachtmeister	3	—
Oberfeuerwerker	1	—
Feuerwerker	8	—
Trainkorporale	—	6
Kanonierkorporale	4	—
Traingefreite	—	12

Kavallerie.

Stab des Kavallerie-Regimentes von drei Schwadronen.

Kommandant (Oberstlieutenant oder Major)	1
Adjutant (Hauptmann oder Lieutenant)	1
Quartiermeister (Hauptmann oder Lieutenant)	1
	Offiziere 3

2 Offiziersbediente, Reitpferde 5—6.

Stand einer Schwadron Dragoner.

Hauptmann	1
Oberlieutenant	1
Lieutenant	2
Arzt	1
Pferdarzt	1
Feldweibel	1
Fourier	1
Wachtmeister	5
Korporale	5
Frater	2
Hufschmied	2
Sattler	2
Trompeter	3
Reiter, darunter 2 Bäcker,	

Kavallerie.

	Guiden- und Gensdarmerie-Kompagnie.	
Hauptmann	1	1
Lieutenant	1	1
Feldweibel	1	1
Wachtmeister	3	3
Korporale	3	3
Hufschmied	1	1
Sattler	1	1
* Trompeter	1—4	1
Reiter	25	20
	40	33
Reitpferde	42	32

* Die 4 Guidentrompeter sind Signaltrompeter, hievon befindet sich 1 beim Divisions- und je 1 bei den 3 Infanterie-Brigadestäben, man hat dann noch 1 Gensdarmerie-trompeter, den man dem Schützenbrigadestabe zutheilen kann.

Fuhrwerke besitzen die Guiden und die Gensdarmerie nicht, sie benutzen so weit nöthig die Fuhrwerke der Stäbe, denen sie zugetheilt sind.

Je ein Guide bei jedem Stabe führt auf hoher Lanze ein Fähnlein, an dessen Farbe man den Brigadier, Divisionär, Armeekorpschef oder Obergeneral leicht auch auf Distanz erkennt. Des Nachts haben sie dafür zu sorgen, daß Laternen von entsprechenden Farben die Quartiere und Lagerplätze der genannten Oberoffiziere bezeichnen.

Scharfschützen.

Regiment von zwei Bataillonen. Total 1001 Mann.

Regimentskommandant (Oberstlieutenant)	1
Adjutant (Hauptmann oder Lieutenant)	1
Adjutant (Unteroffizier)	1
Offiziere	2
Unteroffizier	1

Infanterie.

Regiment von drei Bataillonen. Total 2228.

Regimentskommandant (Oberstlieutenant)	
Adjutant (Hauptmann)	1
„ (Lieutenant)	1
Adjutant-Unteroffizier, Regimentsfähnrich *	1
Feldprediger	1

Verwaltungstruppen.

1. Divisions-Rechnungsbüreau.

a. Rechnungssektion.

Divisions-Rechnungskontroleur, Büreauchef (Major oder Hauptmann)	1
Rechnungskontroleure (Lieutenants)	3
Rechnungskontroleure, Kopisten (Unteroffiziere und Soldaten)	9
Abwärter und Offiziersbediente (Soldaten)	2

b. Zahlmeister.

Divisionszahlmeister (Hauptmann)	1
Zahlmeister-Gehülfe (Lieutenant)	1
Kopisten (Unteroffiziere und Soldaten)	2
Abwärter und Offiziersbediente (Soldaten)	1

c. Trainsektion.

Trainsoldaten	3

Total Offiziere	6
Total Unteroffiziere und Soldaten	18
	24 Mann.

Pferde.	Offiziersreitpferde	6	
	Zugpferde	6	
			12 Pferde.

Fuhrwerke. 1 Kassenfourgon à 4 Pferde,
1 Gepäckwagen à 2 Pferde.

2 Wagen.

Verwaltungstruppen.

a. Divisions-Verpflegungsdirektion.

Verpflegungsdirektor (Major)	1
Sein Adjunkt (Hauptmann oder Lieutenant), besorgt das auf die Verpflegung bezügliche Rechnungswesen,	1
Proviantmeister (Lieutenant), für die diversen Verpflegungsgegenstände	

Verwaltungstruppen.

3. Divisions-Transportdirektion.

Stab des Transportdienstes.

Transportdirektor (Major)	1
Sein Adjunkt (Hauptmann oder Lieut.)	1
Aerzte	2

4 Offiziere.

Offiziersburschen	2

2 Soldaten.

Pferde	

6 Reitpferde.

a. Lebensmittelkolonnen.

(4 per Felddivision, 2 Auszüger und 2 Reserve.)

Bestand einer Kolonne.

Hauptmann	1
Oberlieutenant	1

c. Telegraphen-Betriebsdienst.

(Per Division eine Telegraphensektion. ¼ eine Telegraphen-Kompagnie.)

Bestand.

Offizier (Hauptmann oder Lieutenant)	1	1 Offizier.
Feldweibel	1	
Trainwachtmeister	1	
Wachtmeister	2	
Trompeter	1	
Telegraphisten (Soldaten)	12	
Trainsoldaten	6	

23 Mann.

Pferde.	Reitpferde	4
	Zugpferde	12

16 Pferde.

Fuhrwerke.	Telegraphenwagen (mobile Büreaus)	2 à 4 Pf.
	Rüst- und Gepäckwagen	1 à 4 „

3 Fuhrwerke.

Gesundheitsdienst.

Sanitätsstab der Division.

Divisionsarzt (Oberstlieut. oder
Major) 1

Aerzte, Stellvertreter und Gehülfen (Hauptleute) . . . 2

Stabsapotheker (Hauptmann) . 1 für die Feld= und Spi-
talapotheken , Inspek=
tion und Revision

Besoldungs= und Verpflegungs= berechtigungen.

§ 1.

Tägliche Besoldungen.

	Fr.	Rp.	Mundportion.	Fourage=rationen für effektiv gehaltene Pferde.
General . . .	40.	—	5	6
Generalstabschef .⎫				
Generalkriegskom=⎬	30.	—	5	4
missär . . .⎭				
~~Armeekorpskom=~~				

welchen Grad dieselben sonst bekleiden; sie haben in diesem Falle keinen Anspruch auf Mundportionen.

§ 5.

Bei Unterrichts= und Wiederholungskursen für Unter= offiziere erhalten dieselben einen Schulsold von 4 Franken, gleichviel welchen Grad dieselben bekleiden; sie haben in diesem Falle keinen Anspruch auf Mundportionen.

§ 6.

Diejenigen berittenen Offiziere, welche von der in § 196 vorgesehenen Vergünstigung nicht Gebrauch machen wollen, erhalten im Unterrichtsdienste, wenn sie mit 1 oder 2 Pfer= den einrücken, für jeden Diensttag eine Entschädigung von 4 Franken, vorausgesetzt, daß für diese Pferde nicht bereits jene angeführte Vergütung ausgerichtet wurde.

§ 7.

Für diejenigen Offiziere, welche sich infolge ihrer Stel= lung das ganze Jahr im Dienste befinden, werden entspre= chende Jahresbesoldungen ausgesetzt. Das Reglement hat zu bestimmen, unter welchen Umständen von der Jahresbesoldung auf die Tagesbesoldung überzugehen ist.

CPSIA information can be obtained
at www.ICGtesting.com
Printed in the USA
BVHW04*1058010818
523278BV00012B/162/P